HOP

반드시 알아야 할
가장 자주 나오는 중요한 문제 200

25분 챌린지

001 If (　　) I'd listened to my counselor.

① barely　② only　③ also　④ even

002 He sprang to his (　　) at the news.

① mouth　　　② cheek
③ feet　　　④ hand

003 It suddenly (　　) her how she could break the stalemate.

① struck　　　② occurred
③ happened　　④ remembered

004 I have two brothers, and you have met one of them. I'll introduce (　　) to you.

① other　　　② another
③ the others　④ the other

005 These magazines will (　　) children great harm.

① offer　　　② give
③ provide　　④ do

토익시험에 꼭 나오는 문법문제 600

Koike Naomi

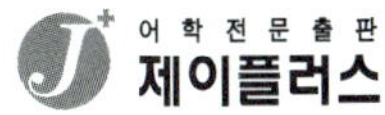

이 책은 능률적으로 토익시험의 문법·구문에 관한 최소한의 기초 지식을 단기간에 체계적으로 마스터할 수 있도록 구성한 문법 대비서입니다.

토익시험에 처음 도전하는 사람부터 목표한 점수까지 올리고자 하는 사람까지 퀴즈 형식으로 토익시험의 문법·구문의 필수 사항을 마스터할 수 있도록 가능하면 쉬운 쪽에서 어려운 쪽으로 천천히 실력을 쌓아갈 수 있도록 노력했습니다.

문제 형식은 마크시트 형식으로 왼쪽 페이지에 문제, 오른쪽 페이지에 포인트, 해설, 해석을 실었습니다. 그 이유는 토익시험의 문제 형식이 마크시트 형식인 점과 문제를 풀면서 즉석에서 확인할 수 있는 점을 생각할 때, 마크시트 형식의 「문제집+참고서」의 기능을 가진 이 책이 고득점을 목표로 하는 모든 분의 요구에 충분히 만족할 것이라고 확신했기 때문입니다.

따라서 이 책을 완벽하게 마스터하면 토익시험의 문법 파트를 집중적으로 공부하게 되는 것이므로 확실하게 점수를 올릴 수 있을 것입니다.

토익시험에서 단기간에 점수를 올릴 수 있는 최단거리는 철저하게 불필요한 부분을 생략하고, 주어진 시간을 최대한으로 활용하는 것이라고 생각합니다. 자신의 보폭에 맞춰서 게임을 하듯이 즐거운 마음으로 단기간에 집중하는 방식으로 단번에 마스터하시기 바랍니다.

Koike Naomi

C O N T E N T S

HOP

답

001　**if only**　~하기만 하면 (좋으련만)　②

◀ 카운슬러가 말한 것을 들었으면 좋았을텐데.

002　**spring to one's feet**　벌떡 일어서다　③

◀ 그는 그 소식을 듣고 벌떡 일어섰다.

003　**strike**　(돌연) ~이 마음에 떠오르다, 짐작이 가다　①
　　　occur to ~　~에 대한 생각이 나다

◀ 그녀는, 어떻게 하면 난국을 타개할 수 있을까 하는 생각이 갑자기 떠올랐다.

004　**one**은 둘 중의 하나, 나머지 하나는 **the other**로 나타낸다.　④

◀ 나에게는 형이 두 명 있는데, 한 사람은 네가 만난 적이 있어. 나머지 한 사람을 소개해 줄게.

005　**do**+목적어+**harm[good]**　…에 피해[이익]를 주다　④
These magazines do great harm to children. 으로도 표현할 수 있다.

◀ 이 잡지들은 어린이에게 나쁜 영향을 줄 것 같다.

006 We sent you the magazine (　　) your
request.

① at　　　② from　　③ to　　　④ for

007 Keep (　　) the grass!

① off　　　② on　　　③ in　　　④ to

008 He went to the treasure island in search
(　　) the hidden jewel.

① of　　　　　　　② for
③ to　　　　　　　④ around

009 He is quite (　　) to politics.

① incapable　　　　② independent
③ indifferent　　　④ incredible

010 A great deal of (　　) is given to making
group decisions.

① impatience　　　② imitation
③ impression　　　④ importance

011 It was so dark that I could not make
(　　) what it was.

① over　　② down　　③ for　　　④ out

012 I have to (　　) all my books in order.

① make　　② put　　③ let　　　④ take

006 at one's request　~의 요구에 따라 ①

◀ 의뢰하신 잡지를 보냈습니다.

007 keep off ~　~의 출입을 금하다 ①

◀ 잔디밭에 들어가지 마세요!

008 in search of ~　~을 찾아서 ①

◀ 그는 숨겨진 보물을 찾으러 보물섬으로 갔다.

009 be indifferent to ~　~에 무관심한 ③

◀ 그는 정치에는 전혀 관심이 없다.

010 give importance to　~을 중시하다 ④

◀ 그룹으로 결론을 얻어내는 것을 대단히 중시하고 있다.

011 so ~ that ...　너무 ~해서 …하다 ④
make out　(보기 어려운 것 등)을 분간하다

◀ 너무 어두워서 나는 그것이 무엇인지 알 수 없었다.

012 put ~ in order　~을 정돈하다 ②

◀ 책을 전부 정돈해야 한다.

PART 1

30분 만에 마스터하는 가장 중요한 문제 ① 50

013 His project did not work in (　　　).

① person 　　　② respect
③ pursuit 　　　④ practice

014 Mike and I went surfing (　　　) the heavy rain.

① in spite of 　　　② but
③ instead 　　　④ although

015 We had (　　　) eggs and croissants for breakfast.

① boil 　　　② boiling
③ boiled 　　　④ boils

016 You should stay at my villa at least a week, (　　　) a month.

① even if 　　　② as long as
③ if not 　　　④ as well as

017 We will (　　　) your money if you are not satisfied with the product.

① refund 　　　② rebate
③ replace 　　　④ repay

018 Remind me (　　　) this letter.

① of mailing 　　　② to mail
③ in mailing 　　　④ into mailing

013 in practice 실제로는

◀ 그의 프로젝트는 실제로는 실행되지 않았다.

014 in spite of ~ ~에도 불구하고

◀ 큰 비에도 불구하고 마이크와 나는 파도타기를 하러 갔다.

015 분사의 형용사적 용법. 수동의 관계인 (계란이) 익혀진 것이므로 과거분사가 와야 한다.

◀ 우리는 아침 식사로 삶은 계란과 크로와상을 먹었다.

016 A, if not B B가 아니라 하더라도 A한

◀ 당신은 한 달까지는 아니더라도, 최소한 일주일은 나의 별장에서 묵어야 합니다.

017 refund (요금 등을) 환불하다

◀ 제품이 마음에 들지 않으면 환불해 드립니다.

018 remind+사람+to do ~에게 ~하는 것을 생각나게 하다

◀ 내가 이 편지 부치는 것을 잊지 않도록 상기시켜 주세요.

019 Joan is second to (　　) in her speech class.

① none　　　　　　　② anybody
③ next　　　　　　　④ one

020 They don't sell foreign products since there is no (　　).

① order　　　　　　② request
③ claim　　　　　　④ demand

021 It was at 7 o'clock that we (　　) to the meeting place.

① got　　　　　　　② reached
③ arrived　　　　　④ left

022 They were astonished at the ease (　　) they won the championship.

① how　　　　　　② with which
③ by what　　　　④ which

023 Make sure that the injured (　　) properly taken care of.

① is　　　　　　　② are
③ has　　　　　　④ will have

019 second to none 누구에게도 뒤지지 않는

◀ 스피치 클래스에서 조안은 누구에게도 뒤지지 않는다.

①

020 demand 수요 ↔ **supply** 공급

order 주문   **request** 요청, 의뢰

claim 요구, 청구

◀ 수요가 없기 때문에 그들은 외국 제품을 취급하지 않는다.

021 get to ~에 도착하다(=reach, arrive at[in])

◀ 우리가 회의장에 도착한 것은 7시였다.

022 with ease 쉽게, 용이하게

관계대명사 **which**가 전치사 **with**의 목적어가 된다.

◀ 그들은 자신들이 간단히 우승한 것에 놀랐다.

023 the injured는 집합적으로 **부상자**(=injured peo-ple)를 뜻하며, 복수로 취급한다.

◀ 부상자를 책임지고 맡아서 돌봐라.

024 It took her one-month to (　　) over her
sickness.

① go　　　② look　　③ come　　④ get

025 It's nothing. I was just arguing (　　)
Kim again.

① in　　　② with　　③ to　　　④ for

026 The population of this town has been
(　　) the increase.

① at　　　② in　　　③ on　　　④ by

027 Avoid (　　) too much time (　　) about
the failure.

① spending / thinking
② spending / to think
③ to spend / thinking
④ to spend / to think

028 I feel that studying is (　　) itself inter-
esting.

① for　　　② in　　　③ by　　　④ of

029 He is (　　) of a musician.

① anybody　　　　② anyone
③ somebody　　　④ something

024 **get over ~**　~에서 회복하다
④

◀ 그녀는 병에서 회복되는 데 한 달이 걸렸다.

025 **argue with ~**　~와 언쟁하다
②

◀ 아무 것도 아니야. 김과 또 언쟁을 했을 뿐이야.

026 **on the increase**　증가하고 있는
③

◀ 이 마을의 인구는 증가하고 있다.

027 **spend+시간+~ing ~**　~하는 데 (시간)을 소비하다
①
avoid는 동명사만 목적어로 취하는 동사이다.

◀ 실패한 것에 대한 생각으로 너무 많은 시간을 보내지 마라.

028 **in itself**　그 자체로, 원래
②

◀ 공부는 그 자체가 재미있는 것이라고 생각한다.

029 **something of a+명사**　상당한
④

◀ 그는 상당한 음악가이다.

030 (　　) do you think of this new plan?

① What　　　　　② Which
③ Who　　　　　④ How

031 Without (　　) you cannot expect to get a seat.

① having reserve　　② reservation
③ reserve　　　　　④ a reservation

032 It is by no (　　) easy to get rid of bad habits.

① means　　　　　② way
③ exception　　　　④ effort

033 She will (　　) him a good wife.

① make　　　　　② turn
③ become　　　　④ give

034 I would rather stand than (　　) a seat in the train.

① take　　　　　② taking
③ took　　　　　④ to take

030 **What do you think of ~?** ~을 어떻게 생각하십니까?

◀ 이 새로운 계획에 대해 어떻게 생각하십니까?

031 **reservation**은 **예약**의 의미를 가진 가산명사이므로, **a**가 필요하다.

without a reservation 예약 없이

cf. without reservation 무조건으로, 솔직하게

◀ 예약 없이 자리를 잡을 가망은 없다.

032 **by no means** 결코 ~은 아니다

◀ 나쁜 습관을 고치는 것은 결코 쉬운 일이 아니다.

033 **make+O(목적어)+O(목적어)** ~에게 ~이 되다라는 뜻으로 She will make a good wife for him.으로도 표현할 수 있다.

◀ 그녀는 그의 좋은 아내가 될 것이다.

034 **would rather A than B** B보다는 차라리 A하고 싶다

이 경우 A, B에는 모두 동사 원형이 온다.

◀ 전철 안에서 나는 앉아 있기보다는 차라리 서 있는 것이 낫다.

035 She can speak Spanish better than (　　).

① other anybody　　② anybody other
③ else anyone　　④ anyone else

036 The store manager is free (　　) blame.

① instead　　② against
③ besides　　④ from

037 If the river is clear, you can see the mountains (　　) in it.

① reflection　　② reflected
③ reflecting　　④ to be reflected

038 His presentation was (　　).

① interested to listen
② interesting to listen to
③ interesting to be listened
④ interested to listen to

039 We insisted (　　) use of the opportunity.

① for her to make　　② for her making
③ on her making　　④ her to take

035 이외에, 따로, 대신을 나타낼 때에는 보통 **other**를 쓰지만, **anyone[anybody]**과 같은 경우 뒤에 **else**를 붙인다.

◀ 그녀는 다른 누구보다도 능숙하게 스페인어를 할 수 있다.

036 **free from ~** ~이 없는

◀ 그 점장은 책임이 없다.

037 **reflect** 비치다
see+O(목적어)+C(목적보어)의 형태로, 산이 비치고 있는의 수동적인 의미이므로 C(목적보어)에는 과거분사를 사용한다.

◀ 강이 맑으면, 수면에 비친 산을 볼 수 있다.

038 사람+**is**+**interested**,
사물+**is**+**interesting**이 된다.
listen to 귀를 기울이다는 이어동사이다.

◀ 그의 프리젠테이션은 듣기에 재미있었다.

039 **insist on ~** ~을 강력히 주장하다, 역설하다

◀ 우리는 그녀가 그 기회를 이용해야 한다고 강력히 주장했다.

040 Sound does not travel (   ) than light.

① quicker   ② sooner

③ faster   ④ earlier

041 Henry Ford was ①one of the first ②to use the assembly line ③for the ④produce of automobiles.

042 We've been advised ①to wait until the time ②will be ripe ③to introduce a profit-sharing plan for our staff, but we're ④concerned that delaying too long might lose us our competitive edge.

043 If you buy anything ①while the sale, we won't ②give you your money back ③if you later ④decide you don't want it.

040　quick은 짧은 시간의 동작에, **fast**는 계속적인 동작에 쓰인다. **soon**과 **early**는 시간이나 시기 등이 빠른 것을 나타낼 때 쓰인다.

③

◀ 소리는 빛보다 빠르지 않다.

포인트 • 해석

041　④ **produce → production**

produce　⑧ 제조하다, 생산하다
production　⑲ 제조, 생산
product　⑲ 제품, 생산물

◀ 헨리 포드는 자동차 생산에 조립 라인을 처음으로 채택한 사람이다.

042　② **will be → is**

시간이나 조건을 나타내는 부사절 안에서는 미래의 일도 **현재형**으로 나타낸다.

◀ 우리 회사는 사원을 위해서 이익 분배 계획을 도입하는 것을 시기가 무르익을 때까지 기다리라고 하는 조언을 받아들였지만, 너무 연기하면 경쟁에서 우위를 잃는 것은 아닌가 염려하고 있다.

043　① **while → during**

의미는 같지만 **while**은 접속사, **during**은 전치사이다.

◀ 특가 판매 중에 물건을 구입하시면 나중에 반품을 원하시더라도 환불해 드리지 않습니다.

044 In primitive times, people (1)did not (2)travel for pleasure but to find new places (3)which their herds could feed, or (4)to escape from hostile neighbors.

045 The new President (1)felt confident (2)about the future, (3)known that he (4)had the support of all the people.

046 No one here is (1)as familiar (2)to the legal (3)ins and outs of leasing and purchasing midtown properties (4)as David.

047 Countries with (1)a large pool of unskilled laborers are able to produce products (2)which are labor intensive (3)very cheaply than countries (4)with highly paid, skilled labor forces.

048 For (1)security reasons, anyone (2)apply for a government job will (3)be subjected to a thorough examination of (4)his or her background.

044 ③ which → where

선행사가 places이므로, 관계부사 where를 사용한다.

◀ 원시 시대에 사람들이 여행을 한 것은 오락이 목적이 아니라 그들의 가축에게 먹이를 줄 수 있는 새로운 장소를 찾거나 주변의 적으로부터 피하기 위한 것이었다.

045 ③ known → knowing

대통령이 알다로 능동의 의미를 나타내는 것이므로 현재분사를 사용한다.

◀ 새 대통령은 모든 국민들이 자신을 지지해주는 것을 알고 미래에 대한 자신을 가졌다.

046 ② to → with
be familiar with ~   ~에 정통하다

◀ 시 중앙부에 있는 토지의 임대와 구입에 관한 법적인 문제에 대해 데이비드만큼 상세하게 알고 있는 사람이 여기에는 없다.

047 ③ very → more

부사 cheaply의 비교급은 more cheaply이다.

◀ 많은 미숙련 노동자를 보유한 나라들은 고임금의 숙련된 노동력을 보유한 나라들보다 노동 집약형의 제품을 싸게 만들 수 있다.

048 ② apply → applying

분사의 형용사적 용법. ~를 지원한 사람의 의미로 능동의 의미를 나타내기 때문에 현재분사를 사용한다.

◀ 보안상의 이유로, 정부 기관에 취직을 희망하는 사람은 전력을 철저히 조사받게 될 것이다

049 In a free market ① situation, producers can purchase their raw materials ② and sell their ③ finished products without ④ be restricted by government.

050 ① When interest rates decline, the demand ② for loans ③ tends to rise, ④ that tends to stimulate activity in the housing market.

049 ④ be → being

be restricted 제한되다는 전치사 **without**의 목적
어이므로 **동명사**로 써야 한다.

◀ 자유 시장에서 제조업자는 정부의 규제를 받지 않고 원료를 구입
하여 가공품으로 판매할 수 있다.

050 ④ that → which

관계대명사 **that**은 계속적 용법으로는 사용하지 않는다.

◀ 금리가 내려가면 대출이 증가하고, 그것이 주택 시장의 움직임을
활발하게 하는 경향이 있다.

051 I intended (　　　) to her but forgot (　　　) so.

① to write / doing
② writing / to do
③ to have written / to do
④ have written / doing

052 (　　　) did this raincoat cost you?

① What　　　　　② How
③ What price　　 ④ How expensive

053 My father came (　　　) his senses in hospital.

① to　　　② out　　　③ back　　　④ on

054 Kenny had (　　　) reason to be very upset.

① every　　② each　　③ very　　④ all

055 Did you (　　　) a book from the library yesterday?

① lend　　② rent　　③ borrow　④ ask

051 intend[mean] to have+과거분사 ~할 예정이었지만 (하지 않았다)
forget to do ~하는 것을 잊다
cf. forget ~ing (과거에) ~한 것을 잊다
◀ 그녀에게 편지를 쓰려고 했지만 잊고 있었다.

③

052 What = How much
◀ 이 비옷은 얼마 주고 샀어요?

①

053 come to one's senses 의식을 회복하다
◀ 아버지는 병원에서 의식을 회복했다.

①

054 have every reason to do ~할 이유는 충분히 있다, ~하는 것도 당연하다
◀ 케니가 기분이 상한 것도 무리는 아니었다.

①

055 borrow A from B B에게 A를 빌리다
◀ 어제 도서관에서 책을 빌렸니?

③

056 I want (　　) butterfly. Can you catch one
(　　)?

① a live / living 　　② a live / alive
③ an alive / lived 　④ an alive / live

057 I've been working here for almost three
years. It's about time I (　　) a raise.

① get 　　　　　　② will get
③ may get 　　　　④ got

058 Don't make yourself familiar (　　) him.

① for 　② to 　③ with 　④ from

059 I'll have a cup of coffee and two (　　).

① piece of bread 　　② piece of breads
③ pieces of bread 　④ pieces of breads

060 You should get your homework (　　)
first.

① do 　② did 　③ done 　④ doing

061 The boy stared me (　　) the face.

① by 　② in 　③ at 　④ on

056 catch one(=a butterfly) alive는 5형식 구문. live와 alive는 형용사이고 **살아있는**으로 뜻이 같으나 alive는 명사 앞에서 수식적으로 쓰이지 않는다. 

◀ 나는 살아 있는 나비를 갖고 싶어. 한 마리 산 채로 잡아 줄래?

057 It's about time ~은 미래의 일을 말하는 표현이지만 뒤에 오는 동사는 보통 과거형을 사용한다. 

◀ 여기서 일한 지 거의 3년이 된다. 이제 승진할 때가 된 것 같다.

058 make oneself familiar with ~ ~와 친하게 지내다 

◀ 그와 친하게 지내지 않도록 해라.

059 bread는 물질명사이므로 복수형을 쓸 수 없고 two pieces of bread와 같이 나타낸다. 

◀ 커피 한 잔과 빵 두 조각 주세요.

060 get ~ done ~을 종료하다 

◀ 먼저 숙제를 끝내야 한다.

061 stare one in the face 〈사람〉의 얼굴을 빤히 쳐다보다 

◀ 그 소년은 내 얼굴을 빤히 쳐다보았다.

062 If I worked harder, I might get (　　　).

① nowhere　　　　② somewhere
③ anywhere　　　　④ everywhere

063 My son really takes (　　) me in looks.

① after　② up　③ over　④ in

064 The demonstration quickly got (　　) hand.

① in　　　　② over
③ beyond　　④ out of

065 She (　　) come back from her home-town tomorrow.

① be to　　② will to
③ is to　　④ is to be

066 (　　) you and me, his idea doesn't appeal to me very much.

① Both　　② Either
③ Among　④ Between

067 Betty bought the DVD (　　) a low price.

① by　② on　③ in　④ at

062 get somewhere 다소의 성과가 있다　

◀ 더 열심히 일하면 다소의 성과가 있을 것이다.

063 take after ~와 닮다　

◀ 내 아들은 나와 외모가 꼭 닮았다.

064 out of hand 수습할 수 없게 되어, 즉석에서　④

◀ 그 데모는 급속히 걷잡을 수 없게 되었다.

065 be+to do가 이 문장에서는 **예정**을 나타낸다.　

◀ 그녀는 내일 고향에서 돌아오기로 되어 있다.

066 between you and me 우리끼리 얘기인데　

◀ 우리끼리 얘기지만 그의 아이디어는 그다지 흥미롭지 않다.

067 at a low price 싼 가격에　④

◀ 베티는 그 DVD를 싼 가격에 샀다.

068 We're looking forward (　　) you at
Christmas.

① to see　　　　　　② to seeing
③ to visit　　　　　　④ seeing

069 The concert was put off on (　　) of
snow.

① a sudden　　　　　② account
③ approval　　　　　④ behalf

070 Dinner is ready. Let's go (　　).

① downstairs　　　　② the downstairs
③ to downstair　　　④ to downstairs

071 All students had done well (　　) the
final exam.

① about　② on　③ in　④ by

072 Would you (　　) an eye on my bag for a
while?

① get　② let　③ do　④ keep

073 I have something important to (　　) over
with you.

① talk　　　　　　　② discuss
③ speak　　　　　　④ tell

68 look forward to+동명사 ~을 기대하다 ②

◀ 우리는 크리스마스 때 당신을 만나게 되기를 기대합니다.

69 on account of ~ 때문에, ~이므로 ②

◀ 콘서트는 눈 때문에 연기되었다.

70 go downstairs [upstairs] 아래층 [위층]으로 내려가다 [올라가다]는 뜻으로 downstairs는 부사이다. ①

◀ 저녁 준비가 되었다. 아래층으로 내려가자.

71 do well on ~ ~을 잘하다 ②

◀ 모든 학생들이 기말 시험을 잘 보았다.

72 keep an eye on ~ ~을 지키다 ④

◀ 잠시만 제 가방을 좀 봐주시겠습니까?

73 talk+일+over with+사람 〈사람〉과 〈일〉에 대해서 (충분히) 이야기하다 ≒ discuss[speak about]+사물+with+사람 ①

◀ 당신과 꼭 이야기해야 할 중요한 일이 있는데요.

074 My sister (　　) to the drama club.

① belongs　　　　　　② is belonging
③ belongs for　　　　④ is belonging for

075 They were unable to (　　) the details of the incident because the witness was very upset.

① inform　　　　　　② glean
③ glimmer　　　　　④ gleam

076 It's time you (　　) to bed, isn't it?

① go　　　　　　　　② went
③ had gone　　　　　④ would go

077 Let's take a break, (　　) we?

① don't　　　　　　② do
③ will　　　　　　　④ shall

078 I was glad (　　) the chance to earn lots of money.

① with　　② to　　③ in　　④ of

079 My friend who lives in Canada comes (　　) tomorrow.

① on　　② out　　③ at　　④ over

074 **belong to ~** ~에 속하다
belong은 진행형 · 명령형으로 사용하지 않는다.

◀ 언니는 연극부에 속해 있다.

①

75 **glean** (사실 · 정보 등을) 조금씩 수집하다
inform 알리다
glimmer 반짝반짝 빛나다
gleam 어슴푸레 빛나다

◀ 목격자가 매우 흥분한 상태였기 때문에 그들은 그 사건의 세부적인 정보를 수집할 수가 없었다.

②

76 **It's time**+과거형

It's time ~ 뒤에 오는 동사는 보통 과거형을 사용하고,
It's time for you to go ~ 로도 나타낼 수 있다.

◀ 이제 잘 시간 아니니?

②

77 **Let's ~, shall we?** ~할까요?

◀ 잠깐 쉴까요?

④

078 **glad of ~** ~을 기쁘게 생각하다

◀ 많은 돈을 벌 기회가 생겨 기뻤다.

④

79 **come over** 멀리서 오다, (지나가는 길에) 들르다

◀ 캐나다에 살고 있는 내 친구가 내일 온다.

④

080 The train will leave this station (　　) time.

① after　　② past　　③ late　　④ behind

081 Doctors have (　　) time to take a meal regularly.

① many　② few　　③ little　　④ small

082 I spend most of my time talking (　　) the phone.

① for　　② in　　③ on　　④ at

083 I don't know (　　) what he is looking for.

① as to　　　　　② such as
③ as of　　　　　④ but for

084 He showed courage in the (　　) of danger.

① shape　　　　　② face
③ hope　　　　　④ company

080 **behind time** (정시보다) 늦게 

◀ 그 열차는 이 역을 정시보다 늦게 출발할 것이다.

081 **little**은 **불가산명사**에, **few**는 **가산명사**에 사용한다. 

◀ 의사는 규칙적으로 식사를 할 시간이 거의 없다.

082 **on the phone** 전화로 

◀ 나는 전화 통화하는 데 시간을 다 보낸다.

083 **as to ~** ~에 대해서(=about ~) 

◀ 그가 무엇을 찾고 있는지 모르겠다.

084 **in the face of** (문제 · 곤란 · 위험 등)에 직면하여, 
~에도 불구하고

ex. She married him in the face of strong oppo-
sition from her parents. 그녀는 부모님의 강한 반
대에도 불구하고 그와 결혼했다.

◀ 그는 위험에 직면했을 때 용기를 보여줬다.

085 The question (　　) is whether we should carry it out or not.

① at fault　　　　② at ease
③ at liberty　　　④ at issue

086 Can you do it in your (　　) time?

① aware　　　　② scarce
③ spare　　　　④ rare

087 You should take (　　) yourself.

① be careful　　　② careful about
③ care of　　　　④ be caring

088 I think he will be back (　　) ten minutes.

① in　　② for　　③ from　　④ on

089 Could I exchange this tie (　　) that one?

① for　　　　② by
③ then　　　④ instead

090 The window was (　　) to see through.

① hardly dirty enough
② dirty enough
③ too dirty
④ barely dirty enough

085 at issue 논쟁 중, 문제가 되어 ④

◀ 지금 문제가 되고 있는 것은, 그것을 실행해야 하느냐 하지 말아
야 하느냐이다.

086 spare time 한가한 시간 ③

◀ 한가한 시간에 그 일을 해 주실 수 있습니까?

087 take care of oneself ~ 몸을 소중히 하다 ③

◀ 몸조심 하셔야죠.

088 in ten minutes 10분 후에, 10분 지나면 ①
for ten minutes 10분간

◀ 그는 10분 후에 돌아올 거예요.

089 exchange A for B A를 B와 교환하다 ①

◀ 이 넥타이를 저것과 교환해도 좋습니까?

090 too ~ to do 너무 ~해서 …할 수 없다 ③
cf. **~ enough to do** ~할 수 있을 만큼

◀ 창문이 너무 더러워서 바깥을 볼 수 없었다.

091 Many countries, ①<u>which</u> ②<u>is</u> located in South America and ③<u>on</u> the Pacific Ocean, ④<u>have</u> many mountains.

092 ①<u>Months of</u> careful planning, research, and foundation building ②<u>have go up</u> ③<u>in</u> smoke ④<u>with</u> this new budget cutback.

093 The coach felt ①<u>that the outcome</u> of the game ②<u>would be</u> ③<u>depend</u> ④<u>on the physical condition</u> of the players.

094 ①<u>The police</u> thought the ship ②<u>might</u> be ③<u>carried</u> illegal items, but an inspection of the ship's cargo ④<u>revealed</u> only bananas and coffee.

095 She could not ①<u>reach</u> John at the office, ②<u>so</u> she thought she ③<u>will call him</u> ④<u>at home</u>.

091 ② is → are

which가 이끄는 관계사절의 선행사는 **many coun-tries**〈복수〉.

◀ 남미와 태평양 연안의 많은 나라들은 산이 많다.

092 ② have go up → have gone up

go up in smoke (계획 등이) 수포로 돌아가다

◀ 이번 예산 삭감으로 수 개월에 걸쳐 공들인 계획과 연구, 기초 세우기는 수포로 돌아가고 말았다.

093 ③ depend → dependent

depend는 동사, **dependent**는 형용사.

◀ 코치는 경기의 결과는 선수들의 컨디션에 좌우된다고 생각했다.

094 ③ carried → carrying

배가 ~을 수송한다는 능동의 의미이므로 **진행형**으로 써야 한다.

◀ 경찰은 그 배가 불법적인 물품을 수송하고 있다고 생각하고 배의 화물을 검사했지만 나온 것은 바나나와 커피뿐이었다.

095 ③ will call → would call

시제의 일치. 주절의 동사가 과거형(**thought**)이므로 종속절의 조동사 **will**도 과거형으로 해야 한다.

◀ 그녀는 회사에서 존과 연락이 닿지 않자 집으로 전화하려고 했다.

096 ①Even though scientists have learned ②a great deal about the cause of earthquakes, they ③remain one of the most unpredictable of all naturally occurring ④event.

097 ①By analyzing the data, ②it is possible to arrive ③to some conclusion ④with respect to the control system.

098 To avoid ①to carry ②any extra weight on the hike, I ③left behind all extraneous equipment and ④personal items.

099 Advertising ①attempts to influence the customers' buying habits ②so that ③he will purchase the product ④being advertised.

100 ①For a ②little dollars ③a month, you can ④have our magazine delivered to your door.

096 ④ event → events

event는 가산명사. 형용사 all 뒤에 오는 가산명사는 복수형을 써야 한다.

◀ 비록 과학자들은 지진의 원인에 대해서 많은 것을 파악하고는 있지만 그래도 여전히 지진은 자연 발생적인 현상 중에서 가장 예측하기 어려운 것 중 하나이다.

097 ③ to → at

arrive at ~ (결론 · 합의 · 연령 등)에 달하다(=reach)

◀ 데이터를 분석함으로써 제어시스템에 관한 어떤 결론에 도달할 수 있다.

098 ① to carry → carrying

avoid 피하다는 동명사를 목적어로 취하는 동사.

◀ 하이킹에서 짐의 무게가 초과되도록 가져가는 것을 피하기 위해서 불필요한 장비와 개인 소지품은 모두 놔두었다.

099 ③ he → they

so that ~ will ... ~가 …하기 위해서

◀ 광고는 고객의 구매 습관에 영향을 주고 광고된 제품을 고객이 구매하도록 하는 것이다.

100 ② little → few

dollar는 가산명사이므로 little을 쓰지 않고 few를 써야 한다.

◀ 매월 불과 몇 달러만 내시면 저희 회사의 잡지를 자택까지 배달해 드립니다.

25분 챌린지

101 We (　　) the nature of education in the schools.

① discussed about　② discussed
③ discussed over　④ discussed on

102 All the employees listened the president in (　　) silence.

① still　② dead　③ clear　④ quiet

103 The young girl learned to tell good (　　) bad.

① with　② to　③ from　④ for

104 This incident had nothing to do (　　) him.

① about　② for　③ by　④ with

105 We were let (　　) to cut costs.

① have　② over　③ go　④ come

답

101 **discuss ~**   ~에 대해서 논의하다   ②

discuss는 타동사이므로 전치사를 쓰지 않는다.

◀ 우리는 학교 교육의 본연의 모습에 대해서 논의했다.

102 **dead**   죽은 듯한, 완전한   ②

◀ 모든 종업원이 쥐 죽은 듯 조용히 사장의 이야기에 귀를 기울였다.

103 **tell A from B**   A와 B를 구별하다   ③

◀ 그 어린 소녀는 선과 악을 구별할 수 있게 되었다.

104 **have nothing to do with ~**   ~와는 관계 없다   ④

◀ 이 사건은 그와는 전혀 관계가 없었다.

105 **let go**   해고하다   ③

◀ 비용을 절감하기 위해서 우리는 해고되었다.

106 There is something (　　) what my
grandfather says.

① by　　　② on　　　③ with　　　④ to

107 Let's attend (　　) our work instead of
talking.

① with　　② to　　③ on　　　④ of

108 I (　　) as well talk to the post as try to
make a joke to him.

① can　　② should　③ must　　④ may

109 She tried hard (　　).

① to cry not　　　　　② to not cry
③ not to cry　　　　　④ cry not to

110 Beth (　　) him to buy his ticket immedi-
ately, or he could never get it.

① convinced　　　　　② insisted
③ advised　　　　　　④ suggested

111 He must have something to (　　) with
the case.

① touch　　　　　　② do
③ get　　　　　　　④ take

106 there is something to[in] ~ ~에는 납득할 수 있는 점이 있다, 일리가 있다 

◀ 할아버지의 말씀에는 일리가 있다.

107 attend to (일 등)에 힘쓰다, ~에 전념하다 

◀ 그만 떠들고 일이나 열심히 하자.

108 may[might] as well A as B B하느니 A하는 편이 낫다 

◀ 그에게 농담을 하느니 기둥에 대고 이야기하는 편이 낫다.

109 부정사의 부정형 =not+to do 

◀ 그녀는 울음을 꾹 참았다.

110 advise+사람+to do으로 〈사람〉에게 ~하도록 충고하다의 의미이다.
convince, insist, suggest는 보통 뒤에 부정사가 오지 않고 **that**절이 온다.

◀ 베스는 그에게 바로 티켓을 사지 않으면 결코 구할 수 없을 것이라고 충고했다.

111 have something to do with ~ ~과 어느 정도 관계가 있다 

◀ 그는 그 사건과 어느 정도 관계가 있음에 틀림없다.

112 I am going (　　) next month.
　① abroad　　　　　② to abroad
　③ abroad in　　　　④ to abroad in

113 Our photographs were taken (　　) a very good camera.
　① in　　② on　　③ with　　④ by

114 Bacon is sold (　　) the pound.
　① with　　② in　　③ on　　④ by

115 He wanted to get (　　) from the stalker.
　① off　　② for　　③ away　　④ over

116 All things (　　), he is a fairly good father.
　① consider　　　　② considered
　③ considering　　　④ to consider

117 Sure enough, the painting was by (　　) than Salvador Dali.
　① not else　　　　② none other
　③ no one　　　　　④ not other

112 **abroad**, **home**, **upstairs** 등은 **부사**이므로 전치사가 필요하지 않다. **I am going to go abroad next month.** 처럼 쓸 수 있다.

◀ 나는 다음달 외국에 갑니다.

113 **도구 · 수단**을 나타내는 **with**.

◀ 우리 사진은 아주 좋은 카메라로 촬영된 것이다.

114 단위를 나타낼 때는 **by**를 쓴다. 단위를 나타내는 명사 앞에 정관사 **the**가 붙는다는 것에도 주의한다.

◀ 베이컨은 파운드 단위로 팔리고 있다.

115 **get away from ~**   ~로부터 도망치다

◀ 그는 그 스토커로부터 도망치고 싶었다.

116 **All things being considered**   모든 것을 고려해 보건대. **being**은 생략 가능.

◀ 잘 생각해 보면 그는 꽤 좋은 아버지가 아닌가?

117 **none other than ~**   다름 아닌 ~, 실로 ~

◀ 틀림없이 그 그림은 바로 살바도르 달리의 작품이었다.

118 Do you have something (　　) now?

① in mind　　　　　　② mind

③ mindful　　　　　　④ off mind

119 She (　　) me down at the last minute.

① run　　② go　　③ have　　④ let

120 The little child cannot distinguish good
(　　) bad yet.

① from　　② to　　③ with　　④ for

121 This coffee shop is (　　) nicer than the
one we went to the other day.

① very　　② too　　③ more　　④ far

122 (　　) that she was here to pick us up!

① Should　　　　　　② Could

③ Would　　　　　　④ May

123 The new store will be completed for
(　　) three months.

① more　　　　　　② another

③ longer　　　　　　④ after

118 **have ~ in mind** ~의 일을 생각하고[계획하고] 있다 ①

◀ 지금 무언가 계획하는 것이 있습니까?

119 **let one down** ~를 실망시키다 ④

◀ 그녀는 막판에 나를 실망시켰다.

120 **distinguish A from B** A와 B를 구별하다 ①
= **tell A from B**

◀ 그 어린 아이는 아직 좋고 나쁨을 구별할 수 없다.

121 비교급의 강조에는 **much, still, (by) far, even** ④
등을 사용한다.

◀ 이 커피숍은 우리가 전에 갔던 곳보다 훨씬 좋다.

122 **Would that ~!**는 ~라면 하고 사실에 반하는 희망을 ③
나타내는 가정법 표현이다.
유사한 표현으로는 **I wish ~.** / **If only ~!** 등이 있다.

◀ 그녀가 여기로 마중 와 준다면!

123 **for another ~** 다음 ~, 또 ~ ②

◀ 새 가게는 3개월 후에나 완성될 것이다.

124 She fell in love with Kay at first (　　　).

① speed　② hand　③ start　④ sight

125 Would you mind (　　) a little favor for me?

① to do　　　　② do
③ being do　　④ doing

126 We offer her our congratulations (　　) her success.

① on　　② in　　③ of　　④ for

127 She seems to have (　　) on some weight.

① put　② grown　③ taken　④ gained

128 It is pity that Paul has no (　　) of humor.

① mind　　　　　　② heart
③ consciousness　④ sense

129 Her comments get (　　) my nerves.

① of　　② with　　③ up　　④ on

130 This raining'll (　　) up soon.

① get　② take　③ make　④ let

124 at first sight 한눈에 ④

◀ 그녀는 케이에게 첫눈에 반했다.

125 Would you mind+동명사? ~해 주시지 않겠습니까? ④

do a favor for+사람 ~를 위하여 애쓰다

◀ 부탁 좀 들어 주시겠어요?

126 offer congratulations on ~ ~에 관해서 축하를 하다 ①

◀ 우리는 그녀의 성공을 축하해 주었다.

127 put on weight 체중이 늘다 ①

◀ 그녀는 약간 체중이 늘어난 것처럼 보인다.

128 sense 인식력, 판단력, 센스 ④

consciousness 의식, 자각

◀ 폴이 유머 감각이 없다니 유감이다.

129 get on one's nerves 〈사람〉의 신경에 거슬리다 ④

◀ 그녀의 말이 내 신경을 건드렸다.

130 let up 멈추다 ④

◀ 이 비는 곧 그칠 거예요.

131 Easier said than done, as the saying
(　　).

　① goes　　　　　　② runs
　③ speaks　　　　　④ talks

132 I want this work (　　) by the end of this
month.

　① finish　　　　　② to finish
　③ finishing　　　　④ finished

133 It takes courage to say that she is wrong
(　　).

　① for the face　　② into the face
　③ on her face　　④ to her face

134 She makes a (　　) when I use her perfume.

　① face　　　　　② mistake
　③ trip　　　　　④ believe

135 You will find the word "psychology"
(　　) under "P" in your dictionary.

　① list　　　　　② listed
　③ listing　　　　④ be listed

131 **as the saying goes** 속담에도 있는 것처럼 

◀ 속담에도 있는 것처럼, 말하기는 쉬워도 실행하기는 어렵다.

132 **this work**은 누군가에 의해 끝내져야 할 것이므로 과거분사를 사용한다. 

◀ 이달 말까지 이 일을 끝내고 싶다.

133 **to one's face** ~의 면전에서 

◀ 그녀의 면전에서 틀렸다고 말하려면 용기가 필요하다.

134 **make a face** 얼굴을 찌푸리다, 침울한 얼굴을 하다 

◀ 내가 그녀의 향수를 사용하면 그녀는 얼굴을 찡그린다.

135 **find+O(목적어)+과거분사** O(목적어)가 ~되어 있는 것을 발견하다 

◀ psychology라는 단어는 사전에서 P항을 찾으면 된다.

PART 3

30분 만에 마스터하는 가장 중요한 문제 ③
50

136 How do you put (   ) with that noise all day long?

① away   ② into   ③ on   ④ up

137 Please (   ) me know when you get to the hotel.

① make   ② help   ③ get   ④ let

138 I (   ) that he would accompany me for fishing.

① hoped   ② wanted
③ intended   ④ wished

139 I got Alice (   ) my shoes.

① mend   ② mending
③ on mending   ④ to mend

140 I know the way (   ) keeps her from going anywhere.

① why   ② which
③ how   ④ what

136 **put up with ~** ~을 참다 ④

◀ 어떻게 저런 소음을 하루 종일 참을 수 있니?

137 **Let me know** 알려 주세요 ④

◀ 호텔에 도착하면 알려 주십시오.

138 **want+that절은 불가.** ①

◀ 그와 함께 낚시 가길 바랐는데.

139 **get+사람+to do** 〈사람〉에게 ~해 달라고 하다 ④

◀ 나는 앨리스에게 구두를 수리해 달라고 했다.

140 **keep one from ~ing** 〈사람〉이 ~하는 것을 방해하다 ②

◀ 그녀를 아무데도 가지 못하게 하는 방법을 나는 알고 있다.

141 Flying saucers, ①for which there ②have never been ③any material evidence, ④still excite our imaginations.

142 ①It is important that the children ②be ③giving phone numbers ④in case of emergency.

143 The book ①on the Civil War included an appendix of maps ②showing ③which the major battles ④occurred.

144 I'm not going to do ①anything ②about the problem ③until I ④will speak to my lawyer about it.

141 ② have never been → has never been
evidence는 불가산 명사로 단수 취급한다.

◀ 비행 접시는 물적 증거가 전혀 없음에도 불구하고 아직까지 우리의 상상력을 자극한다.

142 ③ giving → given
아이들에게 ~이 주어지다로 수동을 나타내므로 be+과거분사로 나타낸다.

◀ 긴급 상황에 대비해서 아이들에게 전화번호를 알게 해 두는 것은 중요하다.

143 ③ which → where
관계부사 where는 선행사 place를 생략해서 ~하는 장소를 나타낸다.

◀ 남북 전쟁을 다룬 그 책에는 중요한 전투가 벌어진 장소를 표시한 지도가 부록으로 붙어 있었다.

144 ④ will speak → speak
시간이나 조건을 나타내는 부사절에서는 현재형을 사용해서 미래의 일을 나타낸다.

◀ 변호사와 그 문제에 대해 이야기할 때까지는, 그 문제에 관한 어떤 일도 하지 않을 것이다.

145 A diving crew has ①recently discovered ②an 18th-century Spanish ship ③laying on the bottom of the ocean just ④off the coast of our town.

146 ①During the war, ②they became necessary to manufacture tires and other goods from artificial materials because ③importing rubber ④had become difficult.

147 Caterpillars eat plants and ①cause damage ②for some crops but adult butterflies feed principally ③on nectar from flowers and ④do not cause any harm.

148 ①Distribution free samples ②is sometimes an effective way ③to stimulate ④sales of new products.

149 It is ①often said that we ②live in a permissive age, one ③in which people are allowed to do almost ④something they like.

145 ③ laying → lying

laying은 lay 놓다, 두다의 현재분사. lie ~의 상태로 놓여 있다의 현재분사는 lying.

◀ 최근 잠수 작업반 일행이 우리 마을 연안에서 멀리 떨어진 해저에 놓여 있는 18세기 스페인 배를 발견했다.

146 ② they → it

It ~ to do… 구문.

◀ 전쟁 중에, 고무 수입이 어려워지자 인공적인 재료로 타이어와 다른 상품들을 생산해야 했다.

147 ② for → to

cause damage to ~ ~에 손해[피해]를 입히다

◀ 애벌레는 식물을 먹어 농작물에 해를 입히지만, 성충이 된 나비는 주로 꽃의 꿀을 먹어 아무런 피해도 가져오지 않는다.

148 ① Distribution → Distributing, To distribute

distribution of ~ ~의 배포

◀ 무료로 샘플을 배포하는 것은 신제품 판매를 촉진하는 효과적인 방법이 되기도 한다.

149 ④ something they like → anything they like

anything은 긍정문에서는 **아무 것이나**라는 뜻으로 사용된다.

◀ 흔히 우리는 자유로운 시대에 살고 있고, 하고 싶은 일은 무엇이든 할 수 있다고들 한다.

150 Mercury, the nearest planet [1]to the sun, is also [2]the smaller [3]of the nine planets [4]orbiting the sun.

150 ② the smaller → the smallest

3개 이상을 것을 비교하여 ~ **중에서 가장** …은 **the**＋**최상급**＋~ 로 나타낸다.

◀ 태양에 가장 가까운 행성인 수성은 또한 태양 주위를 도는 9개의 행성 중에서 가장 작은 행성이기도 하다.

30분 만에 마스터하는
가장 중요 문제④ 50

25분 챌린지

151 Can you help me (   ) my debt?

    ① to   ② by   ③ off   ④ out of

152 (   ) me tell you why it took so long for him to arrive here.

    ① Let   ② Make   ③ Do   ④ Can

153 My father finally (   ) me to go to Thailand alone.

    ① had   ② allowed
    ③ let   ④ made

154 The actor came near (   ) his chances.

    ① take   ② to lose
    ③ give   ④ to spoiling

155 Let's start as soon as he (   ) back.

    ① come   ② comes
    ③ will come   ④ has come

답

151 help A out of B A가 B에서 나오는 것을 돕다 ④

◀ 제가 빚에서 벗어날 수 있도록 도와줄 수 있습니까?

152 let＋목적어＋원형부정사 ~에게 …하게 하다 ①

◀ 그가 여기에 도착하는 데에 왜 그렇게 시간이 오래 걸렸는지 말해 줄게요.

153 allow one to ~ 〈사람〉이 ~하는 것을 허락하다 ②

◀ 아버지는 마침내 내가 혼자서 태국에 가는 것을 허락하셨다.

154 come near to ~ing 거의 ~할 뻔하다 ④

◀ 그 배우는 하마터면 기회를 놓칠 뻔했다.

155 as soon as가 이끄는 종속절은 미래의 의미일지라도 **현재형**을 사용한다. ②

◀ 그가 돌아오는 대로 출발합시다.

156 While someone is speaking, you should
(   ) your tongue.

① stop   ② give   ③ hold   ④ halt

157 She shouted "Cut it out!" or words to that
(   ).

① sense   ② indication
③ effect   ④ manner

158 I shall (   ) in the U.S. for three years
next September.

① live
② lived
③ have been living
④ be living

159 Life consists of one disappointment after
(   ).

① other   ② another
③ others   ④ any other

160 I'm afraid you have the (   ) number.

① bad   ② wrong
③ mistake   ④ evil

161 I quit smoking (   ) her advice.

① in   ② on   ③ at   ④ with

156 hold one's tongue 침묵하다 ③

◀ 누군가가 말하고 있는 동안은 조용히 해야 한다.

157 to that effect 그와 같은 취지의 ③

◀ 그녀는 '그만!' 혹은 그와 같은 취지의 말을 외쳤다.

158 미래의 어떤 시점까지의 동작의 계속은 미래완료진행형 ③
shall[will] have been ~ing으로 나타낸다.

◀ 오는 9월아면 미국에서 산 지 3년이 된다.

159 one ~ after another 차례차례, 잇따라 ②

◀ 인생은 실망의 연속이다.

160 have the wrong number 번호를 잘못 알다 ②

◀ 전화 잘못 거셨어요.

161 on one's advice 〈사람〉의 충고에 따라 ②

◀ 그녀의 충고에 따라 나는 담배를 끊었다.

162 You should (　　) good use of the library.

① get　　② do　　③ take　　④ make

163 Let me (　　) that bad story any more!

① no hearing　　② not hear
③ not to hear　　④ not hearing

164 I'll make do (　　) the old overcoat this winter.

① of　　② with　　③ up　　④ on

165 I will try to (　　) her as soon as possible.

① contact　　② contact with
③ contact for　　④ contact to

166 She has done nothing (　　) complain all day.

① for　　② but　　③ else　　④ about

167 I'll leave (　　) Hawaii toward the end of this week.

① to　　② in　　③ for　　④ into

168 She was quick in putting her idea (　　) practice.

① on　　② for　　③ at　　④ into

162 make good use of ~ ~을 충분히 이용하다 ④

◀ 도서관을 충분히 이용해라.

163 let me not hear 듣지 않게 하다 ②

◀ 더 이상 그런 나쁜 이야기는 듣지 않게 해 줘.

164 make do with ~ ~로 때우다 ②

◀ 이번 겨울은 그 낡은 코트로 때울 것이다.

165 contact은 ~에게 연락하다라는 뜻의 **타동사**이므로 전 ①
치사는 필요하지 않다.

◀ 될 수 있는 대로 빨리 그녀와 연락을 취하겠습니다.

166 do nothing but ~ ~하는 것 이외에는 아무 것도 ②
하지 않는다

◀ 그녀는 하루 종일 불평만 할 뿐이었다.

167 leave for ~ ~를 향해서 출발하다 ③

◀ 나는 이번 주말쯤 하와이로 출발한다.

168 put ~ into practice ~을 실행에 옮기다 ④

◀ 그녀는 자신의 생각을 실행에 옮기는 데 민첩했다.

PART 4

30분 만에 마스터하는 가장 중요한 문제 ④ 50

169 How did the car accident come (　　)?

① round   ② over
③ off   ④ about

170 She didn't turn up (　　) the party was half over.

① after   ② since   ③ until   ④ when

171 The prime minister will give a speech (　　) the radio.

① in   ② to   ③ over   ④ at

172 This DVD player needs (　　).

① of repair   ② repairing
③ be repaired   ④ of reparation

173 I am irritated by his insensitivity, (　　) mildly.

① as it were   ② for fun
③ to put it   ④ as such

174 The employees at that company attempted to cover up the accident, but it came to (　　).

① point   ② light
③ caution   ④ knowledge

169 come about (일이) 생기다 

◀ 어떻게 해서 그 교통 사고가 일어난 거지?

170 not ... until ~ ~할 때까지 …하지 않다 

◀ 파티의 반이 끝날 때까지 그녀는 나타나지 않았다.

171 이 문장에서 **over**는 ~**에 의해서, ~으로**의 뜻으로 **수단이나 매체**를 나타낸다. 

◀ 수상은 라디오 연설을 할 예정이다.

172 need+동명사 ~할 필요가 있다 
= want+동명사

◀ 이 DVD 플레이어는 수리가 필요하다.

173 to put it mildly 조심스럽게 말해서 
put에는 **말로 나타내다, 말하다**의 뜻이 있다.

◀ 이런 말 하면 뭣하지만, 그의 무신경함에는 화가 난다.

174 come to light (비밀 등이) 표면화되다 

◀ 그 회사의 직원은 사고를 은폐하려고 시도했지만 밝혀지고 말았다.

175 This is the (　　　) winter we have had in ten years.

① colder　　　　　② more cold
③ coldest　　　　　④ most cold

176 He (　　　) wanted to go on a trip with Nancy.

① as　　　② badly　③ much　④ well

177 (　　　) what to do, I telephoned the police.

① Knowing not
② To know not
③ Not knowing
④ Never have known

178 I couldn't figure (　　　) the answer to this quiz.

① up　　　② in　　　③ out　　　④ on

179 He said "(　　　) me buy you a drink."

① Allow　　　　　② Permit
③ Let　　　　　　④ Cause

180 The (　　　) thought of the final examination makes him feel blue.

① mere　② few　　③ little　④ sole

175 We have never had such a cold winter for ten years.와 같은 의미이다.

◀ 이번 겨울은 10년 만의 추위다.

답 ③

176 **badly** 대단히, 지독하게

◀ 그는 낸시와 여행 가기를 간절히 원했다.

②

177 **Not knowing ~** ~을 모르기 때문에

분사구문의 부정형은 Not[Never]+분사로 나타낸다.

◀ 어떻게 하면 좋을지 몰라서 나는 경찰에 전화를 했다.

③

178 **figure out** 생각해내다, 이해하다

◀ 나는 이 퀴즈의 답을 알아내지 못했다.

③

179 **let me buy you a drink** 한잔 사다

◀ 그는 '내가 한잔 살게' 하고 말했다.

③

180 **mere** 단지 …인, 단순한

ex. The mere sight of a worm makes her trem-ble. 그녀는 벌레를 보기만 해도 부들부들 떤다.

◀ 그는 기말 시험을 생각하는 것만으로도 우울해진다.

①

181 Please lend me a hand (　　) my busi-
ness.

① to　　　　② with　　③ for　　　④ in

182 How (　　) does this train start?

① soon　　　　　　② fast
③ rapidly　　　　　④ come

183 Alice (　　) promise as a painter.

① shows　　　　　② gives
③ proves　　　　　④ makes

184 I'm sorry to have kept you (　　) so long.

① waited　　　　　② waiting
③ wait　　　　　　④ being waited

185 The happiness that I am feeling is (　　)
description.

① to　　　　　　　② beyond
③ inside　　　　　④ since

186 Boys (　　) fun of the transfer girl stu-
dent in their class.

① taken　　② had　　③ made　　④ done

181 = Please help me with my business.

◀ 제 사업을 좀 도와 주십시오.

답 ②

182 **How soon ~?** (앞으로) 얼마나 지나면 ~한가?

◀ 이 기차는 언제쯤 출발합니까?

①

183 **show promise** 전도 유망함을 보이다

◀ 앨리스는 화가로서 장래가 촉망된다.

①

184 **keep+O(목적어)+현재분사** O(목적어)를 계속 ~시키다

◀ 오랫동안 기다리시게 해서 죄송합니다.

②

185 **beyond (all) description** 형언할 수 없을 만큼

◀ 내가 느끼고 있는 행복은 말로 다할 수 없을 정도다.

②

186 **make fun of ~** ~을 놀리다

◀ 남학생들은 같은 반에 전학온 그 여학생을 놀렸다.

③

187 The doctor (　　　) me not to eat between meals.

① advised　　　　② demanded
③ convinced　　　④ prevented

188 Her large income (　　　) her to live in comfort.

① directed　　　　② enabled
③ handed　　　　　④ got

189 I (　　　) her to apply for that job.

① tried　　　　　② encouraged
③ pretended　　　④ afforded

190 Please keep the news (　　　) yourself.

① to　　　② by　　　③ for　　　④ in

187 **advise**+사람+**to do** 〈사람〉에게 ~하도록 권고하다

demand, suggest, insist, hope는 that절과, convince는 of와, prevent는 from과 연결된다.

◀ 의사는 내게 간식을 먹지 말라고 충고했다.

188 **enable**+사람+**to do** 〈사람〉이 ~할 수 있도록 하다

◀ 그녀는 많은 수입으로 쾌적한 생활을 누릴 수 있었다.

189 **encourage**+사람+**to do** 〈사람〉에게 ~하도록 격려하다

◀ 나는 그 일에 지원하도록 그녀를 격려했다.

190 **keep ~ to oneself** ~을 비밀로 해두다

◀ 그 소식은 비밀로 해 주십시오.

191 ①<u>Tire</u> of the ceaseless pressure of the competitive business world, Mr. Bradley ②<u>decided to</u> leave the rat race and take ③<u>over</u> a small ④<u>used</u> bookstore in the country.

192 Most businesses ①<u>need</u> to recruit good personnel to replace workers ②<u>whom</u> retire or quit and ③<u>to fill</u> new jobs ④<u>created</u> when the company expands.

193 The small auto parts company, ①<u>formed</u> two years ②<u>ago</u> is ③<u>already</u> ④<u>in</u> the verge of bankruptcy.

194 Mrs. White got a ticket ①<u>for running a red light.</u> The police officer ②<u>told her</u> she needed ③<u>to more careful</u> ④<u>in future.</u>

191 ① Tire → Tired

이유를 나타내는 분사구문.
Being tired of ~에서 **Being**을 생략한 형태.

◀ 경쟁이 심한 비즈니스 세계의 끊임없이 계속되는 중압감에 진저리가 났기 때문에 브래들리씨는 출세 경쟁에서 벗어나 시골의 조그만 고서점을 인수하기로 결심했다.

192 ② whom → who

관계대명사가 주어 **workers**를 대신하고 있으므로 주격 **who**를 써야 한다. **retire**는 **퇴직하다**, **quit**는 **사직하다**.

◀ 대개의 기업은 퇴직하거나 이직한 직원을 대신하고 회사의 확장으로 생기는 새로운 자리를 보충할 우수한 인재를 채용할 필요가 있다.

193 ④ in → on

on the verge of ~는 ~에 **직면하여**, ~ **직전에**의 뜻으로 좋지 않은 상태를 나타내는 경우에 사용한다.

◀ 2년 전에 설립된 그 작은 자동차 부품 회사는 이미 파산 직전의 상태이다.

194 ③ to more careful
→ to be more careful

need to do ~할 필요가 있다
careful은 형용사이므로 **be**가 필요하다.

◀ 화이트 부인은 신호 위반으로 스티커를 발부받았다. 경찰은 그녀에게 앞으로 좀더 주의하라고 말했다.

195 ①Just type in a word, press the button ②or the pocket translator ③gives you ④an instant translation.

196 Last summer if I could ①afford it, I would have had the whole house ②painted, but I'm going to ③have to wait for a few years ④to have it done.

197 The decrease in the number of units ①sold has ②been offset by an increase ③in the price of each ④units.

198 When I was ①in my teens, my parents ②never let me ③to do what I ④wanted.

199 The conclusion ①which is presented in that book ②state that most of the automobiles ③which are produced by American industry ④have some defect.

195 ② or → and

명령문+or　～하세요. 그렇지 않으면
명령문+and …　～하세요. 그렇게 하면

◀ 이 소형 번역기는 단어를 입력하고 버튼을 누르면 바로 번역이 나온다.

196 ① afford → have afforded

과거의 사실에 반하는 가정 **만약 ～였다면 …했겠지만**은 가정법 과거완료로 나타낸다.

◀ 작년 여름, 여유가 있었다면 집 전체를 새로 칠했겠지만 그렇게 하려면 2, 3년은 더 있어야 할 것 같다.

197 ④ units → unit

each 뒤에는 가산명사의 **단수형**이 온다.

◀ 판매 개수는 감소했지만 단가의 인상으로 상쇄되었다.

198 ③ to do → do

let+O(목적어)+원형부정사

◀ 10대 시절, 부모님은 내가 하고 싶은 것을 전혀 못하게 하셨다.

199 ② state → states

주어 The conclusion이 단수이므로 동사 state에 -s 를 붙여야 한다.

◀ 이 책에서 보여 준 결론은 미국에서 생산되는 차량 대부분이 결함을 가지고 있다는 것이다.

200 The first rocket ①to go into space carried no ②living creatures, but later ones had mice or even dogs ③on it to see ④how gravity would affect them.

200 ③ on it → on them

later ones(=rockets)로 복수이므로 it도 복수형으로 한다.

◀ 우주로 간 최초의 로케트에는 생물을 싣지 않았지만 이후의 로케트에는 중력의 영향을 조사하기 위해서 쥐나 개까지 실었다.

PETS

STEP

외워두지 않으면 틀리기 쉬운

자주 나오는 중요한 문제 200

25분 챌린지

201 Your calculation is wide (　　) the mark.
① in　　② to　　③ of　　④ off

202 Let's begin as soon as she (　　).
① comes back　　② came
③ will come　　④ in coming

203 It won't be long (　　) we can fly to the moon.
① when　② till　③ since　④ before

204 I could (　　) nothing of the professor's lecture.
① get　　② give　　③ have　　④ make

205 (　　) getting information, the Internet offers various services.
① Beyond　　② Besides
③ Added to　　④ Outside

답

201 wide of the mark 완전히 요점에서 벗어난, 전혀 엉뚱한 ③

◀ 당신의 예측은 빗나갔습니다.

202 as soon as ~ ~하자마자 ①

시간이나 **조건**을 나타내는 부사절에서는 미래의 일을 **현재** 형으로 나타낸다.

◀ 그녀가 돌아오면 바로 시작하자.

203 It won't be long before ~ 머지않아 ~할 수 있을 것이다 ④

◀ 머지않아 우리가 달까지 날아갈 수 있게 될 것이다.

204 make nothing of ~ ~을 이해할 수 없다 ④

◀ 나는 그 교수의 강의를 이해할 수 없었다.

205 besides ~ 외에, ~에 더해서(= in addition to ~) ②

◀ 정보를 얻는 것 외에도 인터넷은 다양한 서비스를 제공한다.

206 Can you (　　　) to solve this problem by yourself?

① arrange　　　　　② manage
③ succeed　　　　　④ enable

207 Why don't we discuss the matter (　　　) a cup of coffee?

① with　② by　③ over　④ upon

208 The revised tax law will (　　　) into effect next year.

① come　　　　　② change
③ turn　　　　　④ pass

209 He seems (　　　) ill for three weeks.

① to be　　　　　② to have been
③ that he was　　　④ that he has been

210 What (　　　) me was Sarah didn't even say good-bye when she left.

① struck　　　　　② struck at
③ struck on　　　　④ would strike

211 Now my friends all have families of (　　　).

① their ones　　　② their own
③ themselves　　　④ oneself

206 manage to do 어떻게든 ~하다 ②

◀ 너 혼자서 이 문제를 해결할 수 있니?

207 over ~ ~하면서 ③

◀ 커피나 한잔 하면서 그 문제를 의논해 봅시다.

208 come[go] into effect (법률 등이) 발효하다, 실시되다 ①

◀ 개정된 세법은 내년에 발효된다.

209 seem to have+과거분사 ~였던 것 같다 ②

◀ 그는 3주간 앓았던 것 같다.

210 What struck me was (that) ~. 내가 받은 인상은 ~라는 것이었다. ①

◀ 내가 받은 인상은 사라가 떠날 때 안녕이라는 인사조차 하지 않았던 것이다.

211 of one's own 〈사람〉 자신의 ②

◀ 이제 내 친구들은 모두 자신의 가정을 가지고 있다.

212 I had them (   ) my luggage to my office.

① carries   ② carried
③ to carry   ④ carry

213 The truth is (   ) so that everybody knows about it.

① over   ② up   ④ out   ④ off

214 After crying, the baby was in a good (   ) again.

① air   ② mood
③ spirit   ④ cheer

215 Do not hesitate (   ).

① to ask a question
② to asking a question
③ ask a question
④ asking a question

216 (   ) with teaching and writing, my time was totally taken up.

① What   ② That
③ Which   ④ Why

217 Your shoes doesn't go (   ) a long skirt.

① out   ② with   ③ into   ④ on

212 **have**＋사람＋원형부정사 〈사람〉에게 ~해달라고 하다 ④

◀ 나는 그들에게 짐을 사무실로 운반해 달라고 했다.

213 **out** 공개되어, 발표되어, (비밀 등이) 노출되어 ③

◀ 진실이 밝혀져 누구나 그것을 알고 있다.

214 **in a good mood** 기분이 좋은, 심기가 좋은 ③

◀ 울고 난 후 그 아이는 다시 매우 기분이 좋아졌다.

215 **hesitate to do** ~하는 것을 주저하다 ①

◀ 주저하지 말고 질문하십시오.

216 **what with A and B** A인지 B인지 ①

◀ 수업을 한 것인지 쓰기를 한 것인지 내 시간은 완전히 엉망이 되었다.

217 **go with ~** ~과 어울리다, 조화되다 ②

◀ 당신의 신발은 긴 스커트에 어울리지 않아요.

218 VHS seems to have (　　　) to DVD in popularity.

① come down　　　② given way

③ gotten away　　　④ made up

219 Do you take it (　　　) granted that the husband should support his wife?

① as　　　② much　　　③ for　　　④ be

220 If he had not been very poor, he would never (　　　) it.

① part to
② parted of
③ been parted from
④ have parted with

221 Tell me how (　　　) hours it would take to get to the summit.

① much　　　② many　　　③ long　　　④ hard

222 My wife hide the bottle of wine out of my (　　　).

① distance　　　② reach

③ extent　　　④ span

218 give way to ~으로 바뀌다, ~에 굴복하다

◀ 인기 면에서 VHS는 DVD로 대체된 것 같다.

219 take ~ for granted ~을 당연하게 여기다

◀ 남편이 부인을 돕는 것이 당연하다고 생각합니까?

220 part with ~ (손을 떼고 싶지 않은 것에서) 손을 떼다

◀ 만약 그가 그렇게 궁핍하지 않았다면 그것을 결코 놓치지 않았을 텐데.

221 how many hours 몇 시간이나

◀ 정상까지 몇 시간 걸리는지 알려 줘.

222 out of one's reach 〈사람〉의 손이 닿지 않는 곳에

◀ 내 와이프는 내 손이 닿지 않는 곳에 와인을 숨겼다.

223 I will be back (　　　) an hour.

① on　　　② in　　　③ for　　　④ after

224 Claire didn't go to the party, and Russ didn't either, which means (　　　).

① both of them didn't go there
② either of them went there
③ they never went there
④ neither of them went there

225 He felt his eyes (　　　) by a blaze of light.

① dazzle　　　　　　② dazzled
③ dazzling　　　　　④ be dazzled

226 I cannot afford a used car, (　　　) a new car.

① so to speak　　　　② not only
③ regardless of　　　④ much less

227 What kind of ingredients (　　　)?

① is it containing
② has it been containing
③ does it contain
④ was it containing

223 **in**은 현재를 시점으로 한 시간의 경과를 나타낸다. (지금부터) **~후에**의 의미이다.
after는 현재 이외의 어느 한 시점을 기준으로 하여 ~**한 뒤에**라는 뜻이고, ~**이내에**는 **within**으로 표현하는 것도 기억해 두자.

◀ 한 시간 뒤에 올 것입니다.

224 **neither of them** 어느 누구도 ~하지 않다

◀ 클레어는 파티에 가지 않았고 러스도 가지 않았다. 즉 누구도 가지 않았다.

225 **feel**+**O**(목적어)+**과거분사** O(목적어)가 ~되는 것을 느끼다

◀ 그는 강렬한 빛으로 인해 눈이 부심을 느꼈다.

226 **much less** (부정문의 뒤에서) 더구나 ~은 아니다
afford ~을 가질 여유가 있다

◀ 중고 차도 살 여유가 없다. 하물며 새 차는 꿈도 못 꾼다.

227 **contain**은 ~을 **포함하다**, ~이 **들어 있다**는 뜻. 보통 진행형으로는 잘 쓰지 않는다.

◀ 그것은 어떤 성분을 함유하고 있습니까?

228 (   ) to the left, you will find the City Hall.

① Turn   ② Turned
③ Turning   ④ To turn

229 The lake is too beautiful (   ) words.

① in   ② for   ③ to   ④ with

230 Her pronunciation, (   ) is almost perfect, is easy to understand.

① that   ② this
③ which   ④ what

231 You should know (   ) than to do such a thing.

① more   ② better   ③ rather   ④ sooner

232 We are very grateful (   ) your help.

① by   ② for   ③ at   ④ on

233 Henry lost his temper and started to (   ).

① call her names   ② call her a name
③ call the names   ④ call for a name

228 조건을 나타내는 분사구문. 명령문이라면 **you** 앞에 **and**
가 와야 한다. ③

◀ 왼쪽으로 돌면 시청이 있습니다.

229 **too ~ for words** 너무나 ~해서 말로 표현할 수
없다 ②

◀ 그 호수는 형언할 수 없이 아름답다.

230 계속적 용법의 관계대명사 **which**가 와야 한다. 관계대
명사 **that**에는 계속적 용법이 없다. ③

◀ 그녀의 발음은 거의 완벽해서 알아듣기 쉽다.

231 **know better than to do** ~할 만큼 바보가 아
니다 ②

◀ 너는 이런 일을 할 만큼 어리석지 않아.
(이런 일을 해서는 안 된다.)

232 **grateful for ~** (~의 일로) 고마워하는 ②

◀ 도와주셔서 감사합니다.

233 **call**+사람+**names** 〈사람〉을 비난하다, 〈사람〉에게
욕설을 하다 ①

◀ 헨리는 벌컥 화를 내며 그녀를 비난하기 시작했다.

234 If you (　　) your plan, you must work harder.

① are to realize ② would realize
③ are realizing ④ are realized

235 If you buy one, you can get another for (　　).

① good ② free
③ yourselves ④ all

236 My watch (　　) five minutes a day.

① takes ② gains
③ keeps ④ projects

237 My friend got (　　) of his debt.

① along ② hold ③ away ④ rid

238 Don't worry! Just (　　) it easy!

① put ② turn ③ take ④ make

239 I can't make (　　) what you've written.

① off ② out ③ over ④ up

240 He is on bad (　　) with his colleagues.

① condition ② relative
③ connection ④ terms

234 **If+S(주어)+be+to do** 만약 ~하고 싶다면 ①

◀ 계획을 실현하고 싶으면 좀더 열심히 일해야 한다.

235 **for free** 무료로, 무상으로 ②
get another 하나를 더 얻다

◀ 하나를 사시면 공짜로 하나를 더 드립니다.

236 **gain** (시계가) 빨리 가다 ②

◀ 내 시계는 하루에 5분 빨리 간다.

237 **get rid of ~** ~을 제거하다, 쫓아내다 ④

◀ 내 친구는 그의 빚을 다 갚았다.

238 **Take it easy** 침착해라, 편하게 해라, (명령형으로) ③
서두르지 마!

◀ 걱정하지 마! 침착해!

239 **make out** 이해하다, 판독하다 ②

◀ 네가 무엇을 썼는지 모르겠다.

240 **be on bad[good] terms with ~** ~와 사이 ④
가 나쁘다[좋다]

◀ 그는 동료와 사이가 나쁘다.

241 By (1)<u>using</u> (2)<u>new equipments</u>, the company hopes (3)<u>to be able</u> to increase production and (4)<u>reduce costs</u>.

242 She (1)<u>told</u> the shop assistant (2)<u>that</u> she wanted (3)<u>to complain</u> the cardigan sweater she (4)<u>had bought</u>.

243 I would like (1)<u>to write</u> about several problems (2)<u>which</u> I have (3)<u>faced them</u> since I (4)<u>came to</u> the United States.

244 GNP (1)<u>refers to</u> the value of (2)<u>all the goods</u> and services (3)<u>and</u> (4)<u>producing</u> by a country.

241 ② new equipments → new equipment
equipment 장비, 설비는 불가산명사.

◀ 회사는 새로운 장비를 사용함으로써 생산 증대와 경비 절감을 기대하고 있다.

242 ③ to complain → to complain about
complain은 불평을 하다라는 뜻의 자동사이므로 전치사가 필요하다. 타동사로 쓰일 경우 목적어에는 that 절이 온다.

◀ 그녀는 구입한 카디건에 대해서 불평하고 싶은 것이라고 점원에게 말했다.

243 ③ faced them → faced
which는 목적격 관계대명사. 선행사인 several problems가 have faced의 목적어가 된다.

◀ 나는 미국에 오고 나서 직면하고 있는 몇 가지 문제에 대해 쓰고자 한다.

244 ④ producing → produced
분사의 형용사적 용법. 수동의 의미를 나타내므로 **과거분사**를 사용한다.

◀ GNP(국민총생산액)는 국가에서 산출되는 모든 상품과 서비스의 가치를 나타낸다.

245 Mary didn't want ①to admit she overslept, so she ②made up a story about the school bus ③ran ④out of gas.

246 The unseasonable weather caught the orange ①growers ②with surprise, but most ③were able ④to pick their crop before the ice storm destroyed them.

247 Their house was ①so severe damaged ②by the fire ③that it ④will have to be completely rebuilt.

248 The singer ①came from obscurity to national recognition ②while ③quite young and ④have become very rich.

245 ③ ran → running

run out of gas 가솔린이 떨어지다는 전치사 about
의 목적어가 되므로 run을 **동명사형**으로 바꾸어야 한다.
the school bus는 running의 의미상의 주어.

◀ 메리는 늦잠을 잔 것을 인정하고 싶지 않았기 때문에 스쿨 버스의
가솔린이 떨어졌다고 둘러댔다.

246 ② with → by

catch[take] ~ by surprise   ~의 허를 찌르다, ~을
놀라게 하다
with surprise   놀라서, 깜짝 놀라서

◀ 오렌지 농가는 이상 기온에 놀라긴 했지만 빙설의 폭풍우가 농작
물에 피해를 주기 전에 거의 수확을 마쳤다.

247 ① so severe → so severely

severe는 **심각한, 지독한**이라는 의미의 형용사. 동사
was damaged를 수식하는 부사형이 와야 한다.

◀ 그들의 집은 화재로 막대한 피해를 입었기 때문에 완전히 재건축
해야 할 것이다.

248 ④ have become
　　　　→ became / has become

주어가 The singer이므로 have become은 맞지 않
다.

◀ 그 가수는 상당히 어릴 때에 무명의 상태에서 전 국민에게 알려져
큰 부자가 되었다.

249 Computer programs ①are now being designed ②that can teach ③itself how ④to deal with unexpected events.

250 I'm ①sending you the brochure ②so you can see ③for yourself how beautiful ④is the city.

249 ③ itself → themselves

that은 주격관계대명사. 선행사 Computer pro-grams에 대응하는 재귀대명사는 themselves.

◀ 예기치 않은 사태를 처리하는 방법을 스스로 학습할 수 있는 컴퓨터 프로그램이 현재 계속 설계되고 있다.

250 ④ is the city → the city is

간접의문문은 **의문사(를 포함하는 어구)+주어+동사**의 어순으로 쓴다.

◀ 그 도시가 얼마나 아름다운지를 직접 보시도록 팸플릿을 보내 드리겠습니다.

25분 챌린지

251 Her kindness (　　) up for all her other faults.

① finds ② takes ③ puts ④ makes

252 I'm all (　　). Go ahead and start talking.

① smiles ② mouth
③ ears ④ eyes

253 Ken doesn't feel like (　　) the dishes after dinner.

① doing ② do ③ to do ④ done

254 I think (　　) of them are in the meeting now.

① almost ② the most
③ mostly ④ most

255 You can invite (　　) you like.

① that ② who
③ whomever ④ whatever

답

251 make up for ~ ~을 보충하다   ④

◀ 그녀의 친절함은 다른 모든 결점을 보충한다.

252 be all ears 열심히 귀를 기울이다   ③

◀ 열심히 귀를 기울이고 있습니다. 어서 이야기를 시작하십시오.

253 do the dishes 접시를 닦다   ①
feel like ~ing ~하고 싶은 생각이 들다

◀ 저녁 식사 후 켄은 접시를 닦고 싶지가 않다.

254 most of ~ ~의 대부분   ④

◀ 그들 대부분이 지금 회의 중일 것이라고 생각한다.

255 whomever는 선행사를 포함하는 복합관계대명사로,   ③
anyone whom의 의미를 나타낸다.

◀ 좋아하는 사람이라면 누구라도 초대할 수 있습니다.

256 Her working day (　　　) only three hours, from nine in the morning till noon.

① ends 　　　　　　　　② lasts

③ endures 　　　　　　④ measures

257 The tar on your shirt won't come (　　　).

① over 　② away 　③ off 　④ by

258 I (　　　) the room for 500 dollars a month.

① lend 　　　　　　　② borrow

③ rent 　　　　　　　④ hire

259 I ran (　　　) Tim at the mall today. I hadn't seen him for years.

① away 　② for 　③ at 　④ across

260 Don't (　　　) so discouraged. From now, we can (　　　) try to do our best.

① do / make 　　　　② be / but

③ too / only 　　　　④ make / do

261 Oh, we have a (　　　) tire! Let's put some air in it.

① low 　　　　　　　② shallow

③ punk 　　　　　　　④ flat

256 last (for)+시간 〈시간이〉 계속되다, 오래가다 ②

◀ 그녀의 하루 노동 시간은 아침 9시부터 정오까지 불과 3시간뿐이다.

257 come off (얼룩이) 빠지다, (칠이) 벗겨지다 ③

◀ 네 셔츠에 묻은 타르는 지워지지 않을 거야.

258 rent (땅·집을) 임차하다 ③
borrow, lend는 무료로 빌릴 경우에 쓴다.

◀ 나는 월 500달러에 이 집을 빌렸다.

259 run across ~ (남을) 우연히 만나다 ④

◀ 오늘 쇼핑몰에서 팀을 우연히 만났다. 몇 년 만이었다.

260 be discouraged 낙담하다 ②
can but do ~할 수 있을 뿐이다

◀ 그렇게 낙담하지 마. 이제부터 우리가 분발하면 되잖아!

261 a flat tire 바람 빠진 타이어 ④

◀ 어, 타이어 바람이 빠졌어. 바람 좀 넣자!

PART 2

30분 만에 마스터하는 중요한 문제 ② 50

262 The sun sets (　　) in summer than
winter.
① later　　　　　　② latter
③ slower　　　　　④ faster

263 I can't put up (　　) these insults!
① by　　② with　　③ on　　④ toward

264 This is all (　　) I wanted to tell you.
① of which　　　　② that
③ what　　　　　④ in that

265 I'm going to pick (　　) my girlfriend in
my car today.
① at　　② up　　③ on　　④ off

266 All you have to do is to (　　) bygones be
bygones.
① help　　② make　　③ bid　　④ let

267 I have good news to tell you. That is
(　　) I called you.
① when　　② how　　③ what　　④ why

268 I wish I could (　　) this cold.
① get along　　　　② get rid of
③ get away　　　　④ get hold of

262 **late - later - latest** 시간
late - latter - last 순서

◀ 태양은 겨울보다 여름에 늦게 진다.

263 **put up with ~** ~을 참다

◀ 이런 모욕은 참을 수 없어!

264 **all**은 대명사. **what** 앞에는 선행사가 오지 않는다.

◀ 이것이 내가 너에게 말하고 싶었던 모두야.

265 **pick up** 차에 태우다, 마중 나가다

◀ 오늘 내 차로 여자 친구를 태우러 갈 거야.

266 **let bygones be bygones** 과거의 일은 과거의 일로 해두다

◀ 네가 해야 할 것은 지나간 것은 지나간 일로 덮어두는 것이다.

267 **That's why ~** 그러한 이유로 ~

◀ 너에게 좋은 소식을 전하려고 전화했다.

268 **get rid of ~** ~을 제거하다, ~을 면하다

◀ 빨리 이 감기가 나았으면 좋겠다.

269 I could not help (   ) by her attitude.
  ① be annoyed   ② being annoyed
  ③ being annoying   ④ annoying

270 (   ) with what he earned when he was famous, what he gets now is chicken-feed.
  ① Compare
  ② Comparing
  ③ Having compared
  ④ Compared

271 When we say that a banana is green, that means it is (   ).
  ① mellow   ② not ripe
  ③ nearly bad   ④ mature

272 Have you ever heard the song (   ) in Italian?
  ① sang   ② sing
  ③ singing   ④ sung

273 Let's go by taxi, (   )?
  ① won't you   ② don't we
  ③ shall we   ④ should we

269 **cannot help ~ing**은 ~하지 않을 수 없다

= cannot help but do

◀ 나는 그녀의 태도에 불쾌하지 않을 수 없었다.

270 **(being) compared with ~** ~과 비교해서

◀ 유명했던 시절의 벌이에 비하면 그의 지금 수입은 푼돈이다.

271 **mellow/ripe/mature** 익은, 숙성한, 성숙한
Soon ripe, soon rotten. 빨리 익으면 빨리 썩는다
(대기만성)이라는 속담도 기억해 두자.

◀ 바나나가 초록빛이라는 것은 아직 익지 않았다는 뜻이다.

272 **hear**+**O**(목적어)+**과거분사** O(목적어)가 ~되는 것을
듣다

◀ 그 노래가 이탈리아어로 불려지는 것을 들은 적이 있습니까?

273 **Let's**의 부가의문문에는 **shall**을 사용한다.

◀ 택시로 가자, 응?

274 In those days the oil (   ) countries were rapidly developing their economies.

① producing   ② product
③ produced   ④ products

275 What (   ) he have done?

① will   ② can
③ should   ④ shall

276 Nancy (   ) birth to a eight-pound baby girl today.

① gave   ② got
③ had   ④ produced

277 I know that they are not to be (   ).

① counted for   ② counted on
③ miscounted   ④ counting

278 What does this sign (   )?

① stand for   ② run out of
③ make up for   ④ consist of

274 국가가 석유를 산출한다는 능동 관계이므로 **현재분사가** 와야 한다.

◀ 그 당시 산유국은 빠른 속도로 경제가 성장하고 있었다.

275 놀람 등의 감정을 나타내는 문장에서는 **should**를 사용한다.

◀ 그가 도대체 무슨 일을 저질렀단 말인가?

276 **give birth to** (아기)를 낳다

◀ 오늘 낸시는 8파운드 되는 여자 아이를 낳았다.

277 **count on ~** ~을 의지하다, 기대하다, 믿다

◀ 그들이 의지가 되지 않는다는 것은 안다.

278 **stand for ~** ~을 나타내다, ~을 의미하다
= represent / mean
run out of ~ ~을 다 써버리다
make up for ~ ~을 보충하다
consist of ~ ~로 이루어지다

◀ 이 표지판은 무엇을 나타내는 것입니까?

279 The ratio of men (　　) women in this department is three to one.

① to　　② and　　③ for　　④ against

280 I (　　) better than to tell him my secret.

① do　　② am　　③ know　　④ see

281 Our company is now reported to be (　　) of this problem.

① absent　　　　　② lack
③ nothing　　　　④ free

282 I felt a sharp (　　) when I cut my finger.

① attach　② harm　③ pain　④ sound

283 It is just (　　) of her to bring her child while she works.

① like　　　　　② typical
③ natural　　　　④ style

284 It's got quite dark now. Please watch your (　　).

① way　　② step　　③ feet　　④ legs

279 대비를 나타내는 **to**. ①

ratio 비율

◀ 이 부서의 남녀 비는 3대 1이다.

280 **know better than to do** ~하지 않을 만큼의 ③

분별을 가지다

◀ 내가 그에게 비밀을 털어놓을 만큼 바보는 아니다.

281 **be free of[from]** (부담 · 제약 · 불편한 일)이 없는 ④

◀ 우리 회사에서는 현재 이런 문제는 없는 것으로 보고되고 있다.

282 **feel pain** 고통을 느끼다 ③

◀ 나는 손가락을 베었을 때 예리한 통증을 느꼈다.

283 **typical** ~ 특유의, ~의 특징을 보이고 있는 ②

It is typical of ~ to do. …하는 것은 ~답다.

◀ 사무실에 어린 아이를 데리고 오다니 지극히 그녀답다.

284 **watch one's step** 발밑을 조심하다, 신중히 행동 ②

하다

◀ 완전히 어두워졌어. 발밑을 조심해.

285 The Simpsons' are very (　　) people.
　① social　　　　　② socially
　③ sociable　　　　④ society

286 I'm afraid the piano is badly out of
　(　　).
　① touch　　　　　② tune
　③ practice　　　　④ use

287 The bus missed her by a hair's (　　).
　① length　　　　　② blow
　③ height　　　　　④ breadth

288 My town is famous (　　) a summer
　resort.
　① from　　② as　　③ with　　④ by

289 My watch (　　) good time.
　① is　　② takes　　③ lives　　④ keeps

290 May I (　　) in your office today?
　① ask　　② fall　　③ visit　　④ drop

285 sociable 사교적인   ③

◀ 심슨가 사람들은 아주 사교적이다.

286 out of tune 음이 맞지 않는, 조화롭지 않은   ②

◀ 피아노가 너무 음이 맞지 않는 것 같습니다.

287 by a hair's breadth 간발의 차이로, 간신히
breadth (가로) 폭   ④

◀ 그녀는 하마터면 버스에 치일 뻔했다.

288 famous as ~로 유명한   ②

◀ 우리 마을은 피서지로 유명하다.

289 keep good time (시계가) 바르게 작동하다   ④

◀ 내 손목시계는 정확하게 간다.

290 drop in 들르다   ④

◀ 오늘 귀하의 사무실에 들러도 괜찮겠습니까?

291 Society ①<u>should restrict</u> certain hazardous activities and products, ②<u>even if</u> the restrictions ③<u>limiting</u> ④<u>individual</u> freedom.

292 ①<u>The importance of</u> agriculture has rapidly diminished ②<u>since around 1960,</u> ③<u>which</u> the high economic growth period ④<u>began.</u>

293 Some people thought the object in the sky ①<u>was</u> ②<u>an UFO</u> bringing visitors from another planet but ③<u>it turned out</u> to ④<u>be</u> a small plane.

294 Foreign competition and factory automation ①<u>have</u> caused many semi-skilled workers ②<u>who</u> ③<u>were</u> earning good wages in manufacturing industries ④<u>lose their jobs.</u>

291 ③ limiting → limit

even if는 양보를 나타내는 부사절을 이끄는 것이므로
주어＋동사가 와야 한다.

◀ 사회는 가령 그 규제로 인해 개인의 자유가 제한되더라도 어느 정
도의 위험한 활동과 제품은 규제해야 한다.

292 ③ which → when

선행사가 **때**(1960)를 나타내므로, 관계부사 when을 사용
한다.

◀ 농업의 중요성은 1960년을 전후해서 급속하게 감소했는데 그 무
렵에 고도 경제 성장기가 시작되었다.

293 ② an UFO → a UFO

UFO는 unidentified flying object의 약자로,
[júːèfóu] 또는 [júːfou]로 발음하기 때문에 부정관사 a가
와야 한다.

◀ 어떤 사람들은 하늘에 있는 그 물체가 다른 행성에서 외계인을 데
려온 UFO라고 생각했지만 결국은 작은 비행기였다는 것이 밝혀
졌다.

294 ④ lose their jobs → to lose their jobs

cause＋O(목적어)＋to부정사　O(목적어)에게 ～시키
는 원인이 되다

◀ 외국과의 경쟁과 공장 자동화로 인해 제조업에서 좋은 임금을 받
던 많은 반숙련공이 직장을 잃을 위기에 처해 있다.

295　The customer ①complained ②that the
instructions on the package of the chemi-
cal cleaner ③for automobile radiators
④was ambiguous.

296　The Mayan civilization, ①which flour-
ished from A.D. 250 ②to about A.D. 900,
was ③situating in southern Mexico
④and Central America.

297　Television, it is often said, keeps one
①informing about current events, and
②allows one ③to follow the ④latest devel-
opments in science and politics.

298　The inflexibility ①resulting in a large
corporate structure prevents the company
②from ③responding quickly ④to changes
in market forces.

295 ④ **was → were**

that절의 주어는 the instructions〈복수〉.

◀ 소비자들은 자동차 라디에이터용 화학 세제의 패키지에 있는 사용 설명이 모호하다고 불평했다.

296 ③ **situating → situated**

be situated+장소를 나타내는 어구로, ~에 위치하고 있다는 뜻이다.

◀ 서기 250년부터 900년 사이에 번성했던 마야 문명은 멕시코 남부와 중앙 아메리카에 위치해 있었다.

297 ① **informing → informed**

inform은 알려주다이고 앞에 one이 왔으므로 **수동형**이 와야 한다.

◀ 흔히 언급되는 것이지만, 텔레비전은 지금 세상에서 일어나고 있는 일을 알려 주고, 과학이나 정치계의 최신 정보를 알려 준다.

298 ① **resulting in → resulting from**

result from ~　~로부터 결과가 생기다
result in ~　~라는 결과를 가져오다

◀ 기업의 조직이 커진 결과 생기는 경직성은 회사가 시장의 판도 변화에 재빠르게 대응하는 데 저해가 된다.

299 When the Spanish explorers came to the New World, they ①found that Native Americans, ②whom they mistakenly nicknamed "Indians", ③has been living in the Americas ④for a long time.

300 Kyoto, ①considering by many ②to be the ③most beautiful city in Japan, ④is my hometown.

299 ③ has → had

과거의 어떤 시점을 기준으로 해서 **(그 시점까지) 계속 ~하고 있었다**를 나타낼 때는 **과거완료 진행형**을 사용한다.

◀ 스페인의 탐험가들이 신대륙에 와서, '인디언' 이라고 잘못 이름 붙인, 오랫동안 아메리카 대륙에 거주하고 있던 원주민을 발견했다.

300 ① considering → considered

교토는 ~라고 여겨지고 있다는 뜻이므로 수동형이 와야 한다.

◀ 일본에서 가장 아름다운 도시라고 많은 사람들이 생각하고 있는 교토는 나의 고향이다.

25분 챌린지

301 What a pity! He didn't come to the party.
I'm sure he (　　) it.

① would have enjoyed
② would enjoy
③ will have enjoyed
④ did enjoy

302 Do you think this hat will be (　　) her
taste?

① of　　② to　　③ for　　④ in

303 My husband is always very impatient and
can't stand (　　).

① to have waited
② to have been waited
③ have to wait
④ having to wait

304 Could you (　　) me a favor?

① pull　　② do　　③ let　　④ make

301 **가정법 과거완료** 답 ①

◀ 유감스럽게도 그는 파티에 오지 않았다. 그가 왔다면 틀림없이 즐거워했을 텐데.

302 **be to one's taste** 〈사람〉의 기호에 맞다 ②

주로 부정문 · 의문문에서 사용된다.

◀ 이 모자, 그녀가 마음에 들어할까?

303 **stand doing[to do]** ~하는 것을 참다 ④

◀ 남편은 항상 성격이 급해서 기다리는 것을 참지 못한다.

304 **do one a favor** 〈사람〉의 부탁을 들어주다 ②

◀ 저의 부탁을 들어주시겠습니까?

305 He put his foot in his (   ), this time.

① mouth   ② throat   ③ ear   ④ arm

306 Let's have supper as soon as father
(   ) home.

① comes   ② came
③ is coming   ④ will come

307 What part of the country (   )?

① did you raise up in
② were you brought up
③ were you brought up in
④ were you growing up

308 Five minutes (   ) enough time for my
rest.

① won't   ② is
③ are   ④ doesn't

309 You may leave your bag here but at your
own (   ).

① danger   ② coat
③ responsibility   ④ risk

305 **put one's foot in one's mouth** 무심코 난처한 말을 하다 ①

◀ 이번에 그는 무심코 난처한 말을 했다.

306 **when, as soon as, before, till**과 같이 때를 나타내는 접속사의 부사절에서는 현재형으로 미래를 나타낸다 ①

◀ 아버지가 집에 오시면 바로 저녁 식사를 하자.

307 **raise**[reiz] 자라다(=bring up) ③

전치사 **in**을 빠트리지 않도록 주의.

◀ 그 나라 어느 지방에서 성장했습니까?

308 **5분**을 하나의 단위로 간주하여 **단수**로 취급한다. ②

◀ 저의 휴식은 5분이면 충분합니다.

309 **at one's own risk** 각자의 위험 부담으로 ④

◀ 여기에 가방을 놔두어도 괜찮지만 자신이 책임져야 합니다.

310 After a long dry season the people hoped
( ).

  ① to rain   ② for rain
  ③ having rain   ④ raining

311 I ( ) have cereal for breakfast.

  ① most   ② mostly
  ③ more   ④ almost

312 He took his friends to the living room to
( ) off his new stereo.

  ① run   ② turn   ③ get   ④ show

313 ( ) to it that you don't lose him in the
crowd.

  ① Make   ② See   ③ Ask   ④ Put

314 The roof of my house was ( ) off by
the hurricane.

  ① sent   ② flown
  ③ drawn   ④ blown

315 Please make me a call whenever it is
( ) for you.

  ① conscious   ② eager
  ③ likely   ④ convenient

310 hope for ~　~을 바라다　

◀ 오랜 건기 이후 사람들은 비를 바라고 있었다.

311 mostly　대개, 주로 ↔ sometimes　가끔　

◀ 나는 대개 아침으로 시리얼을 먹는다.

312 show off ~　~을 자랑스럽게 내보이다, 과시하다　

◀ 그는 새 스테레오를 자랑하려고 친구들을 거실로 데리고 갔다.

313 see (to it) that ~　~하도록 주시하다　

◀ 사람들 틈에서 그를 잃어버리지 않도록 신경을 쓰세요.

314 blow off ~　~을 불어 날리다　
blow - blew - blown

◀ 우리집 지붕이 허리케인에 날아갔다.

315 conscious, eager는 사람이 주어가 되어야 한다.　

◀ 사정이 좋을 때 전화 주십시오.

316 He came here with a (　　) to watching the musical.

① aim　　　　　　　② purpose
③ thought　　　　　④ view

317 This ship is bound (　　) Sydney.

① to　　② for　　③ on　　④ toward

318 The kid drank it to the (　　) last drop.

① little　② small　③ very　④ only

319 We have to (　　) in to customers' requests because they are always important.

① do　　② get　　③ give　　④ make

320 The movie is worth (　　).

① seeing　② seen　③ to see　④ be seen

321 Johan is particular (　　) food.

① for　　② to　　③ among　④ about

322 You should make (　　) of it once more by telephone.

① known　　　　　② appoint
③ safe　　　　　　④ sure

316 with a view to ~ ~할 목적으로 ④

◀ 그는 뮤지컬을 보기 위해 여기에 왔다.

317 목표의 방향 · 대상을 나타낸다. ②

be bound for ~ ~에 가려고 하다, ~행이다

◀ 이 배는 시드니 행이다.

318 the very ~ (명사) **실로 그 ~** ③

◀ 그 아이는 실로 마지막 한 방울까지 다 마셨다.

319 give in to ~ ~에 굴복하다, 따르다 ③

◀ 고객은 항상 중요하므로 우리는 고객의 요구에 따라야만 한다.

320 worth ~ing ~할 가치가 있는 ①

◀ 그 영화는 볼 가치가 있다.

321 particular about ~에 까다로운 ④

◀ 요한은 음식에 까다로운 사람이다.

322 make sure+of+명사 **[that**절**]** ~을 확인하다 ④

◀ 전화로 다시 한 번 확인해야 한다.

323 Never mind. Please get (　　) your
reading.

① along　　　　　　② in with
③ on with　　　　　④ with

324 I can't concentrate on material. Turn it
(　　) a little.

① down　② over　③ out　④ under

325 (　　) with your brother, you're easy to
talk to.

① Comparing
② Compared
③ Being comparing
④ Comparison

326 It's one of our (　　) to enjoy cherry blos-
soms viewing in spring.

① custom　　　　　② normal
③ use　　　　　　　④ habit

327 The children are sleeping (　　).

① upstairs　　　　　② in upstairs
③ on upstairs　　　　④ at upstairs

323 get on with ~ ~을 계속하다 

◀ 신경 쓰지 마세요. 그대로 독서를 계속하세요.

324 turn down [up] 음량을 내리다 [올리다] 
cf. **turn off [on]** 스위치를 끄다 [켜다]

◀ 자료에 집중할 수 없어요. 음량을 조금 내려 주세요.

325 compared with ~ ~와 비교하다 

◀ 네 동생과 비교하면 너는 말을 걸기가 쉬워.

326 custom (주로 집단의) 습관, 관습 

◀ 봄에 벚꽃을 보고 즐기는 것은 우리의 관습 중 하나이다.

327 upstairs는 위층에서[으로]라는 뜻의 부사이다. 

◀ 아이들은 위층에서 자고 있다.

328 Little (　　) of meeting you.
① I dreamed　　　② dreamed I
③ did I dream　　　④ I had dreamed

329 The baby cried, but he couldn't make his voice (　　).
① heard　　　② hear
③ to hear　　　④ having heard

330 Please put your health (　　) anything else.
① before　　　② forward
③ to　　　④ in

331 It was (　　) hot a night that I woke up at midnight.
① much　② very　③ so　④ such

332 You shouldn't (　　) his words seriously.
① mind　② take　③ think　④ regard

333 While (　　) together, they (　　) to respect each other.
① worked / turned　② working / came
③ worked / become　④ working / come

328 부사를 문장 앞에 놓으면 **동사＋주어**와 같이 **도치**가 된다. ③

◀ 당신을 만날 줄은 꿈에도 몰랐어요.

329 **make one's voice heard** 남에게 자신의 목소 ①
리를 듣게 하다, 자신의 생각을 듣게 하다

◀ 그 아기는 울었지만 누구도 듣지 못했다.

330 **put A before B** B보다 A를 소중하게 생각하다 ①

◀ 무엇보다도 자신의 건강을 소중하게 생각하십시오.

PART 3

331 **so ~ that** 대단히 ~해서 …하다 구문이다. ③
so＋형용사＋a[an]＋명사 너무 ~한 …
such를 사용하면 such a[an]＋형용사＋명사의 어순
이 된다.

◀ 밤에 너무 더워서 한밤중에 잠을 깼다.

332 **take ~ seriously** ~을 진지하게 받아들이다 ②

◀ 그의 말을 진지하게 받아들이지 마라.

333 While 뒤에 they were가 생략되었다. ②
come[learn]＋to do ~하게 되다

◀ 같이 일하는 동안에 그들은 서로를 존경하게 되었다.

30분 만에 마스터하는 중요한 문제 ③ 50

334 I was so afraid I could hear my heart
( ) wildly.

① have beat   ② to beat
③ beating   ④ being beating

335 He sat ( ) by his men.

① surround   ② to surround
③ surrounding   ④ surrounded

336 Gina was good at math, ( ) she never
got an A.

① yet   ② and
③ to the contrary   ④ then

337 He called his wife ( ) a loud voice.

① at   ② with   ③ in   ④ of

338 When did you get ( ) last night?

① home   ② to home
③ at home   ④ the home

339 I don't much feel ( ) working these
days.

① make   ② get   ③ take   ④ like

334 **hear+O**(목적어)**+현재분사** O(목적어)가 ~하고 있는 것을 듣다

◀ 너무 무서워서 나는 내 심장이 고동치는 것을 들었다.

335 둘러싸고 있는 것이 아니고 둘러싸인 것이므로 **수동태**를 사용한다.

◀ 그는 부하에게 둘러싸여 앉아 있었다.

336 접속사 **yet**은 **그러나, 그럼에도 불구하고**(=but)의 뜻.

◀ 지나는 수학을 아주 잘했지만 A를 받아 본 적이 없다.

337 **in a loud voice** 큰 소리로

◀ 그는 큰 소리로 그의 와이프를 불렀다.

338 **home**은 부사.

◀ 어젯밤에 언제 집에 왔어?

339 **feel like**+동명사 ~하고 싶은 마음이 들다

◀ 요즘 부쩍 일이 하고 싶지 않다.

340 Her explanation was clear-cut and to the
( ).

① core　② center　③ mark　④ point

341 Susan's homesickness subsided rapidly,
and ①by the end of the first week, she
②found that she ③had become to prefer
being at camp ④to being at home.

342 When dinosaurs ①roamed the earth during
the Jurassic and Cretaceous periods, the
earth ②was generally ③warmer than it
④was now.

343 Peter ①gave up playing the piano
②professional years ago but he still tries to
③keep his hand in by playing a little
④from time to time.

340 **to the point** 요령 있는, 적절한

◀ 그녀의 설명은 명쾌하고 요령이 있었다.

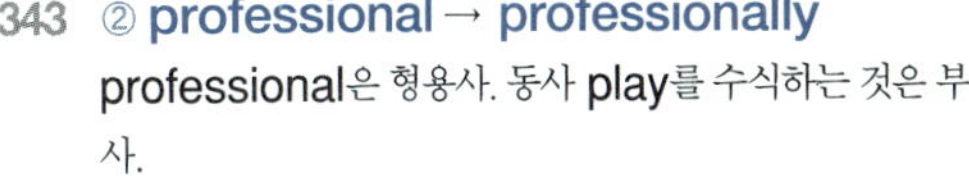

341 ③ **had become → had come**

become 뒤에는 부정사가 올 수 없다.

come to do ~하게 되다

◀ 수잔의 향수병은 빠르게 좋아져 첫번째 주말에 그녀는 집보다 캠
프에 있는 것을 더 좋아하게 되었다는 것을 깨달았다.

342 ④ **was → is**

현재(**now**)는 현재시제로 나타낸다.

◀ 공룡이 돌아다니던 쥬라기와 백악기 무렵의 지구는 일반적으로
현재보다 따뜻했다.

343 ② **professional → professionally**

professional은 형용사. 동사 **play**를 수식하는 것은 부
사.

◀ 피터는 직업적으로 피아노를 치는 것을 몇 년 전에 그만두었지만
지금도 가끔 조금씩 피아노를 쳐서 실력이 녹슬지 않게 하려고
한다.

PART 3

30분 만에 마스터하는 중요한 문제 ③ 50

344 ①When I ②had ③to make an emergency phone call, the store clerk let me ④using their phone.

345 Travel increases our ①understanding of other peoples; ②in fact, my brother went to India last year, and ③ever since ④he's volunteering at the Refugee Center.

346 The city now has a waste-treatment plant ①that will cleanly dispose of ②tons of garbage while, ③as a by-product, producing enough electricity for ④thousand of households.

347 The article says ①that ②the number of golfers in the country ③have tripled to 100,000 ④in the last five years.

344 ④ using → use
let＋목적어＋원형부정사

◀ 긴급한 전화를 걸어야 했을 때 그 점원은 전화를 사용하도록 해주었다.

345 ④ he's volunteering
　→ he's been volunteering
과거의 어느 시점 이후 현재까지 계속해서 ~을 계속하고 있다는 have been＋현재분사로 나타낸다.

◀ 여행을 하면 타민족에 대한 이해가 깊어진다. 실제로, 형은 작년 인도에 갔는데 그후로 계속 난민 센터에서 자원 봉사 활동을 하고 있다.

346 ④ thousand of households
　→ thousands of households
thousands of ~　몇 천이나 되는 ~, 수천의 ~

◀ 그 시에는 현재 다량의 쓰레기를 처리하는 폐기물 처리 공장이 있는데, 그 부산물로서 수천 세대에 공급하기에 충분한 전력도 생산하고 있다.

347 ③ have tripled to → has tripled to
the number of＋복수명사는 ~인 수라는 뜻이므로 단수 취급.
cf. number of＋복수명사　많은 ~〈복수 취급〉

◀ 기사에 의하면 그 나라의 골프 인구는 최근 5년 사이에 3배인 10만 명에 달했다.

348 The demonstrators tried ①to disrupt the meeting by ②shout at the speaker ③and carrying a large banner ④down the aisle.

349 Kuala Lumpur, ①where is ②the capital city of Malaysia, ③is a major trade center ④in Southeast Asia.

350 It was not ①until I ②went abroad ③when I realized ④how little I knew about my own country.

348 ② shout at → shouting at

by는 ~(하는 것)에 의해서라는 뜻으로 **수단 · 방법**을 나타내는 전치사이다. 따라서 전치사의 목적어가 되는 동명사가 와야 한다.

◀ 데모대는 연설자를 향해 소리를 지르고 통로에 큰 현수막을 가지고 와서 집회를 방해하려고 했다.

349 ① where → which

관계사가 절에서 주어 역할을 하므로 관계부사는 적절하지 않다.

◀ 쿠알라룸프는 말레이시아의 수도이고 동남아시아의 주요한 무역 중심지이다.

350 ③ when → that

It is not until ~ that…. ~까지는 …하지 않다, ~되어 비로소 …하다.

◀ 외국으로 나가게 되어서야 비로소 내 자신이 우리나라에 대해 얼마나 무지한지를 깨달았다.

25분 챌린지

351 You'd better have the tooth (　　) out.
① pull ② pulled
③ pulling ④ to pull

352 This is the information with regard
(　　) our policy.
① to ② for ③ of ④ as

353 Could you make (　　) the receipt,
please?
① out ② with ③ on ④ into

354 What did you do (　　) my keys after you
used them? I can't find them.
① with ② away with
③ along ④ away

355 (　　) late hours is your bad habit.
① Doing ② Getting
③ Keeping ④ Taking

답

351 have+목적어+과거분사 …을 ~시키다 ②

◀ 그 이를 뽑는 것이 좋겠다.

352 with regard to ~   ~에 관해서 ①

◀ 이것이 우리의 정책에 대한 자료다.

353 make out ~   ~을 작성하다 ①

◀ 영수증을 작성해 주시겠습니까?

354 do with ~   ~을 처리하다, ~을 취급하다 ①

주로 부정문과 의문문에서 사용하는 표현이다.

◀ 내 열쇠 쓰고 나서 어떻게 했어? 찾을 수가 없네.

355 keep late hours   늦게 자고 늦게 일어나다 ③

◀ 늦게 자고 늦게 일어나는 것은 나쁜 습관이다.

356 She doesn't know the fact. Neither
(　　　).

① you do　　　　② you don't
③ do you　　　　④ don't you

357 You'll soon get used to (　　) in a city.

① live　　　　　② living
③ be living　　　④ have lived

358 My new watch (　　) very good time.

① runs　　　　　② takes
③ shows　　　　④ keeps

359 She is different from me (　　) she was
born and raised in the U.S.

① for that　　　② in that
③ at that　　　　④ for that

360 Our team has not (　　) pace with the lat-
est research.

① got　　② held　　③ kept　　④ taken

356 **Neither**+동사+주어   ~도 또한 …아니다 

◀ 그녀는 사실을 알지 못한다. 너도 그렇다.

357 **get[be] used to**+~ing   ~하는 것에 익숙하다 
cf. used to+동사원형   ~하곤 했다

◀ 도시에서 사는 것이 곧 익숙해질 것이다.

358 **keep good time** (시계가) 정확하게 맞다 
↔ keep bad time
keep time에는 시간을 재다, 템포를 맞추다라는 의미도
있다.

◀ 나의 새 손목 시계는 시간이 정확하게 맞다.

359 **in that ~**   ~이라는 점에서, ~이므로 

◀ 그녀는 미국에서 태어나 성장했다는 점에서 나와는 다르다.

360 **keep pace with ~**   ~와 보조를 맞추다 

◀ 우리 팀은 최신 연구에 보조를 맞추지 못하고 있다.

361 He is the kind of person who is (   ) to live with.

   ① delighted   ② glad
   ③ happy   ④ pleasant

362 On second (   ) I decided to study abroad.

   ① feeling   ② thought
   ③ idea   ④ view

363 I watched my favorite TV show (   ) a cup of coffee .

   ① over   ② with
   ③ in   ④ according to

364 Be sure to (   ) us a line as soon as you get to New York.

   ① break   ② hit   ③ run   ④ drop

365 I think the Korean is an (   ) people.

   ① industrious   ② industrialized
   ③ industrializing   ④ industrial

366 Rachel has a good (   ) for beauty.

   ① eye   ② hand   ③ head   ④ heart

361 ①, ②, ③은 사람을 주어로 쓰는데 pleasant의 경우 원래 사람을 주어로 쓸 수 없지만, It is pleasant to live with him.(=He is pleasant to live with.)에서 처럼 전치사 with의 목적어 him이 주어 He로 사용될 때 사람을 주어로 쓸 수 있다.

◀ 그는 함께 살기에 즐거운 타입의 사람이다.

362 on second thought 잘 생각해 보고

◀ 고심 끝에 나는 유학하기로 결정했다.

363 over a cup of coffee 커피를 마시면서

◀ 커피를 마시면서 내가 좋아하는 텔레비전 쇼 프로그램을 보았다.

364 drop+사람+a line (짧은 편지 등을) 써 보내다

◀ 뉴욕에 도착하면 바로 소식 주십시오.

365 industrious 근면한

◀ 한국인은 근면하다고 생각한다.

366 have an eye for ~ ~에 대해 식견이 있다

◀ 레이첼은 심미안이 있다.

367 She didn't have the (　　) doubt that I really meant it.

① little ② least ③ lesser ④ less

368 These are very popular shoes. We turn (　　) almost a hundred pairs every week.

① on ② in ③ over ④ up

369 Ron tried to remain (　　) while his friends were talking about the World Cup Soccer.

① neutral ② silently
③ no side ④ by side

370 I sent e-mail to the wrong address (　　) mistake.

① for ② on ③ by ④ with

371 Any bag will (　　) as long as it is big.

① bring ② do ③ come ④ carry

372 We should solve this problem by all (　　).

① means ② terms
③ ways ④ manners

367 **not the least ~** 조금도 ~하지(않다)
◀ 그녀는 내가 진심으로 말했다는 것을 믿어 주었다.

368 **turn over ~** (~의 액수)의 장사를 하다
◀ 이것들은 아주 인기 있는 구두입니다. 매주 100켤레 가까이 팔리고 있습니다.

369 **remain** ~인 (상태) 채로 있다
neutral 중립의
cf. **remain silent** 침묵인 채로 있다
◀ 친구들이 월드컵 축구에 대해서 말하고 있는 동안 론은 중립 입장을 취하려고 했다

370 **by mistake** 실수로
◀ 나는 실수로 이메일을 잘못된 주소로 보냈다.

371 **will[would] do** 소용이 되다, 쓸모 있다
◀ 크기만 하면 어떤 가방이라도 괜찮습니다.

372 **by all means** 반드시, (승낙의 뜻을 강조해) 아무렴, 좋다마다
◀ 우리는 반드시 이 문제를 해결해야 한다.

373 What do you suppose the weather will be
( ) tomorrow?

① as ② for ③ in ④ like

374 Please open the window and ( ) in
fresh air.

① make ② call ③ let ④ come

375 Tell me what I should do ( ) the
quarrel among them.

① with ② without
③ for ④ away with

376 I ( ) you my word that I won't leave
you.

① say ② take ③ give ④ make

377 The food was great. That was a ( )
dinner.

① tasted ② tasting
③ satisfying ④ satisfied

378 Don't dress like that! You'll ( ) a fool
of yourself.

① make ② think ③ prove ④ be

373 like ~ ~일 것 같은 ④

◀ 내일 날씨가 어떨 거라고 생각해?

374 let in 들이다, 들여보내다 ③

◀ 창문을 열어서 신선한 공기가 들어오게 하세요.

375 what+사람+do with ... …을 어떻게 처리할지 ①

◀ 그들의 싸움을 어떻게 해야 할지 가르쳐 주십시오.

376 give ~ one's word that … ~와 …하기로 약속하다 ③

◀ 당신을 떠나지 않겠다고 약속할게요.

377 satisfying 만족시키는, 충분한 ③

satisfied 만족한, 납득한

ex. a satisfied customer 만족한 고객

a satisfied smile 만족한 미소

◀ 요리는 훌륭했다. 만족스러운 저녁 식사였다.

378 make a fool of oneself …을 놀리다, 웃음거리로 만들다 ①

◀ 그런 옷은 입지 마! 웃음거리가 될 수 있어.

379 You should (　　) attention to the children.

① take　　　　　　　② do
③ pay　　　　　　　④ observe

380 This time, we should turn (　　) her offer.

① up　　② under　③ down　④ by

381 (　　) my experience, the lack of sleep is worse than that of food.

① Of　　② To　　③ In　　④ From

382 In (　　) of the latest information, they changed their plan.

① sake　　　　　　② response
③ terms　　　　　　④ light

383 You'd better keep your (　　).

① mind　　　　　　② mood
③ face　　　　　　④ temper

384 You look nice (　　) that dress.

① with　　② in　　③ of　　④ on

385 (　　) me a break!

① Make　　② Give　　③ Take　　④ Get

379 pay attention to ~   ~에 주의를 기울이다   ③

◀ 아이들에게 주의를 기울이도록 하세요.

380 turn down ~   ~을 거절하다   ③

reject, refuse 등보다 완곡한 표현.

◀ 이번에 우리는 그녀의 제안을 거절해야 한다.

381 from (one's) experience   〈사람〉의 경험에서   ④

◀ 나의 경험으로 말하면 수면 부족은 영양 부족보다 나쁘다.

382 in light of ~   ~을 고려해서   ④

in terms of ~   ~의 말로, ~의 (관)점에서

◀ 최신 정보를 고려해서 그들은 계획을 변경했다.

383 keep one's temper   화를 참다   ④

◀ 네가 화를 참는 게 낫다. (넌 화를 좀 참아야 해.)

384 in ~   ~을 입고   ②

◀ 그 드레스는 당신에게 잘 어울린다.

385 give me a break   그만하다, 중지하다   ②

◀ 그만해!

386 The ratio of men (　　) women in the department was 7 to 1.

① to   ② and

③ against   ③ for

387 My alarm clock wants (　　).

① repairing   ② repaired

③ to repair   ④ to be repaired

388 He parked his car (　　) the corner where the cafe is.

① for   ② in   ③ at   ④ upon

389 This isn't poisonous (　　) itself.

① at   ② above   ③ on   ④ in

390 They tried to (　　) the couple in dispute.

① compromise   ② disassemble

③ reconcile   ④ overcome

386 비교나 대비를 나타내는 **to**. ①

◀ 그 부서의 남녀 비율은 7대 1이었다.

387 **want[need]+~ing** (~당할) 필요가 있다(=need ①
to be+과거분사)

◀ 내 자명종 시계는 수리가 필요하다.

388 **at the corner** 길모퉁이에 ③

◀ 그는 카페 모퉁이에 주차했다.

389 **in itself** 그 자체로는, 본질적으로는 ④

◀ 이것은 그 자체로는 독성이 없는 것입니다.

390 **reconcile** ~을 화해시키다 ③
compromise 타협하다
disassemble ~을 분해하다
overcome ~에 이기다

◀ 그들은 언쟁하고 있는 부부를 화해시키려고 했다.

391 It was ①so a beautiful day ②that one of ③the students suggested we ④have class outside.

392 He was very angry when he saw ①that his car ②was scratched. Another car ③must run ④along the side of it.

393 The children's stubborn refusal to ①learning French ②considerably undermined their teacher's efforts to ③teach it ④to them.

394 The older manufacturers check their safety devices ①once a year, but the newer manufacturers check ②their ③at least ④three times a year.

391 ① so → such

such+a+형용사+명사 아주 ~한
so는 so+형용사+a+명사의 어순으로 한다.

◀ 아주 화창한 날씨여서 학생들 중 한 명이 야외 수업을 하자고 제
안했다.

392 ③ must run → must have run

must have+과거분사 ~이었음에 틀림없다〈과거의
일에 관한 추측〉

◀ 그는 차가 긁힌 것을 보고 대단히 화가 났다. 틀림없이 다른 차가
옆을 스치고 지나갔을 것이다.

393 ① learning → learn

refusal to do ~하는 것에 대한 거부

◀ 아이들이 프랑스어를 배우는 것을 완강하게 거부했기 때문에 교
사의 가르치려는 노력은 허사가 되고 말았다.

394 ② their → theirs

their safety devices는 소유대명사 theirs로 바꿔
쓸 수 있다.

◀ 고참 제조업자는 안전 장치를 1년에 한 번 체크하지만 신참 제조
업자는 적어도 연 3회는 체크하고 있다.

395 Louis Armstrong, an African-American jazz musician ①who played the trumpet and ②sang vocals, ③introducing jazz ④to listeners around the world.

396 ①With a flood of new orders from the advertising campaign and ②as a result of trimming operating expenses, we've been running ③on the black for ④the past three years.

397 Ambience — the synthesis of architecture, ①furnitures, ②fixtures, lighting, and ③even staff attire — is now an important criterion ④when consumers choose a restaurant.

398 The new premises feature a moving walkway ①which carries visitors ②past the displays ③preventing the crush ④what so often occurred in the old site.

395 ③ introducing → introduced

Louis Armstrong, ~ sang vocals,까지가 문장 전
체의 주어. 문맥상 동사 과거형이 와야 한다.

◀ 루이 암스트롱은 트럼펫을 연주하고 노래도 부르는 아프리카계
미국인 재즈 뮤지션으로 전세계에 재즈를 소개했다.

396 ③ on the black → in the black

in the black 흑자로

in the red 적자로

◀ 광고 캠페인 덕분에 새로운 주문이 쇄도한 것과 운영비를 절감한
결과가 어우러져 우리 회사는 지난 3년간 계속 흑자 경영을 하고
있다.

397 ① furnitures → furniture

furniture 가구는 집합명사이므로, 복수형으로 쓸 수 없다.

◀ 분위기란 건축, 가구, 비품, 조명 심지어 종업원의 복장까지를 포
함한 종합적인 것으로, 지금은 고객이 레스토랑을 선택할 때 중요
한 기준이 된다.

398 ④ what → that / which

선행사 the crush가 있으므로 선행사가 포함된 관계사
what은 적절하지 않다.

◀ 새로운 빌딩의 점포는 고객을 태우고 진열되어 있는 상품 앞을 통
과하는 무빙 워크를 사용함으로써, 과거의 점포에서 종종 발생하
던 혼잡한 현상이 일어나지 않도록 하고 있다.

399 Bones from ①the largest ②know mammal, the baluchitherium, ③were found ④in the Gobi Desert in the People's Republic of Mongolia.

400 ①If this medicine ②was discovered twenty years ago, ③millions of people ④would have been saved.

399 ② **know → known**

과거분사의 형용사 용법.

the largest known ~ (세상에) 알려진 최대의 ~

the oldest known ~ (세상에) 알려진 가장 오래된

◀ 최대의 포유동물로 알려져 있는 발루키테리움의 뼈가 몽골 인민 공화국의 고비 사막에서 발견되었다.

400 ② **was discovered**
　　→ had been discovered

가정법 과거완료는 if ~ had＋과거분사 ..., ~ would＋ have＋과거분사로 나타낸다.

◀ 이 약이 만약 20년 전에 발견되었더라면 수백만 명의 사람을 구했을 것이다.

JUMP

여기까지만 공부하면 OK!

자주 나오는 문제 200

25분 챌린지

401 She refused to listen to me (　　) any price.

① at　　② on　　③ in　　④ over

402 I saw (　　) the station.

① off her at　　② her off
③ off her from　　④ her off at

403 Luckily everything (　　) well.

① turned up　　② came to
③ turned out　　④ changed into

404 How (　　) is the audience of this opera?

① large　　② much
③ many　　④ number

405 When it comes to acceleration, my new car leaves nothing (　　).

① desire　　② desiring
③ be desired　　④ to be desired

답

401 at any price 결코 (~하지 않다) ①

◀ 그녀는 결코 내 말을 들으려고 하지 않았다.

402 see off, give up**과 같이 동사＋부사가 숙어를 이룰 때** ④
목적어가 대명사일 경우에는 동사＋목적어＋부사의 어순
이 된다.

◀ 나는 역에서 그녀를 배웅했다.

403 turn out (to be) ~ (결국) ~이 되다, ~임이 밝혀 ③
지다

◀ 다행스럽게도 결국 모든 일이 잘 풀렸다.

404 population, audience, income, salary 등의 많 ①
고 적음은 **large, small**로 표현한다.

◀ 이 오페라 관객은 얼마나 됩니까?

405 leave nothing to be desired 미진한 점이 ④
전혀 없다, 흠 잡을 데가 없는

◀ 가속에 관해서라면 나의 새 차는 흠 잡을 데가 없다.

406 She often takes day off on the (　　) of her illness.

① reasons　　　　　② grounds
③ causes　　　　　④ effects

407 Having dealt (　　) the problem, he left America.

① to　　② with　　③ in　　④ for

408 Old Europe fashion style are coming (　　) again.

① up　　② to　　③ in　　④ over

409 A careful driver (　　) the child, but he didn't.

① had been noticed
② will have noticed
③ might have noticed
④ has been noticing

410 This is the age of information, and computers are (　　) a more and more important part in our everyday life.

① playing　　　　　② making
③ having　　　　　④ taking

406　on (the) grounds of ~　~을 이유로

◀ 그녀는 병을 이유로 자주 휴가를 낸다.

407　deal with ~　~을 처리하다

◀ 그 문제를 처리하고 그는 미국을 떠났다.

408　come in　유행하다, 참가하다

◀ 유럽의 옛날 패션이 다시 유행하고 있다.

409　might＋have＋과거분사　~했을지도 모르는데〈과거 사실의 반대를 나타냄〉

◀ 조심해서 운전했더라면 아이들에게 신경을 썼을지도 모르는데, 그는 그렇게 하지 않았다.

410　play an important part in ~　~에서 중요한 역할을 다하다

◀ 현대는 정보 시대로 우리의 일상 생활에 있어서 컴퓨터의 역할은 점점 더 중요해지고 있다.

411 He can speak Portuguese better than
( ).

① anyone else　　② else anyone
③ other anybody　④ anybody other

412 One unfortunate experience (　　) her
against all doctors.

① precluded　　② persuaded
③ prejudiced　　④ justified

413 He blamed me (　　) my lack of fore-
sight.

① on　　② with　　③ to　　④ for

414 It (　　) two to make a fight.

① costs　　② fits
③ allows　　④ takes

415 Betty is not good at getting (　　) with
boys.

① about　　② on
③ across　　④ along

416 Jimmy was (　　) when the economy was
sluggish.

① taken off　　② got off
③ laid off　　④ pushed off

답

411 anyone else 다른 누구 ①

else는 그 외에, 그 밖에라는 뜻의 부사로서, some- / every- / any- / no-로 시작하는 말과 의문사 뒤에 사용된다.

◀ 그는 누구보다도 포르투갈어를 잘한다.

412 prejudice A against B A가 B에 대해서 (부당한) 편견을 갖다 ③

◀ 한 번의 불운한 경험 때문에 그녀는 모든 의사에게 적대감을 갖게 되었다.

413 blame+사람+for+행위 사람의 행위를 비난하다 ④

◀ 그는 내게 선견지명이 없음을 비난했다.

414 take ~을 필요로 하다 ④

◀ 싸움은 혼자서는 못한다.

415 get along with ~ ~와 사이좋게 지내다 ④

◀ 베티는 남자 아이들과 사이좋게 지내지 못한다.

416 laid는 lay의 과거 · 과거분사형. ③
lay off 일시 해고하다

◀ 지미는 경제가 불황일 때 일시 해고되었다.

417 I bought a few (　　) and ends for my kitchen.

① starts　　　　　② odds
③ pots　　　　　　④ events

418 He stopped smoking for the (　　) of his health.

① desire　　　　　② motive
③ cause　　　　　④ sake

419 I want to do (　　) with smoking in the office.

① end　　② over　　③ away　　④ down

420 (　　) should I take his advice for?

① How　　　　　② Where
③ What　　　　　④ Why

421 Smoking and drinking are bad (　　) your health.

① in　　② on　　③ for　　④ to

422 I was taken (　　) as a designer at the company.

① on　　② down　　③ up　　④ out

417 **odds and ends** 자질구레한 것 ②

◀ 나는 부엌에 필요한 살림살이들을 샀다.

418 **for the sake of** ~ 때문에 ④

◀ 그는 건강을 위해서 담배를 끊었다.

419 **do away with ~ing** ~을 그만두게 하다 ③

◀ 나는 사무실 내의 흡연을 금지시키고 싶다.

420 **What ~ for?** 무엇 때문에 ~하는 것인가? ③

◀ 무엇 때문에 내가 그의 충고에 따라야 하니?

421 **bad for ~** ~에 나쁘다 ③

◀ 담배와 술은 건강에 나쁘다.

422 **take on ~** ~을 고용하다, 떠맡다 ①

◀ 나는 그 회사에 디자이너로 고용되었다.

423 Kelly's new house is (　　) modern design.

① of　　② at　　③ to　　④ on

424 If we had left home five minutes earlier, we (　　) in time for the train.

① had been
② will have been
③ would have been
④ would be

425 Apart (　　) some troubles, the concert was success.

① off　　② of　　③ over　　④ from

426 Will you please lend me the video-tape when you (　　) it?

① finished
② will finish
③ have finished
④ will have finished

427 Barnlund is an (　　) scholar.

① enormous　　② elaborate
③ eminent　　④ eventual

423 **of modern design** 모던한 설계로 된 

◀ 켈리의 새 집은 모던한 설계이다.

424 if절이 **had**＋**과거분사**인 것으로 보아 가정법 과거완료 문장인 것을 알 수 있다. 따라서 주절에는 **would have**＋**과거분사**를 써야 한다. 

◀ 만약 5분만 일찍 집을 나왔더라면 기차 시간에 맞추었을텐데.

425 **apart from ~** ~을 제외하고는 

◀ 몇 가지 문제를 제외하고 그 콘서트는 성공적이었다.

426 **When** 이하는 시간을 나타내는 부사절이므로 **will**을 사용할 수 없다. 
미래완료형(**will have**＋**과거분사**) 대신에 현재완료형을 사용한다.

◀ 그 비디오를 다 보면 나에게 빌려 주지 않을래?

427 **eminent** 저명한 
enormous 거대한
elaborate 정교한
eventual 결국은

◀ 반런드는 저명한 학자이다.

428 It is well known that (　　　) two finger-
prints are identical.

① none　　② nor　　③ no　　④ not

429 My counselor tells us that illness comes
(　　　) a stress.

① from　　② on　　③ by　　④ to

430 I failed the promotion test. (　　　) I'd
worked harder!

① But　　　　　　② For
③ If only　　　　④ Unless

431 She (　　　) away all her dolls to her
cousin.

① put　　② got　　③ gave　　④ took

432 What do you (　　　) to having a glass of
water?

① say　　② think　　③ mean　　④ like

433 I seldom, if (　　　), use a microwave to
cook.

① ever　　② rarely　　③ any　　④ never

428 **no**+형용사+명사의 형태로, **어느 두 개도 ~ 아니다**라고 형용사를 강하게 부정한다.

◀ 어떤 두 개의 지문을 채취해도 동일한 것이 없다는 것은 잘 알려져 있다.

429 **come from ~** ~의 결과로 생기다

◀ 나의 카운슬러가 말하길 질병은 스트레스가 원인이라고 한다.

430 가정법 과거완료 **If only ~! = I wish ~!**

◀ 나는 승진 시험에 실패했다. 조금 더 열심히 공부했었더라면 좋았을텐데!

431 **give away** ~을 주다, 양도하다

◀ 그녀는 자신의 인형을 모두 사촌에게 주었다.

432 **What do you say to ~ing ...?**
cf. **How about ~?** ~하면 어떻겠니?

◀ 물 한잔 마시겠습니까?

433 **seldom, if ever** 설사 있다고 해도, 극히 드문

◀ 내가 요리할 때 전자레인지를 쓰는 것은 설사 있다 하더라도 극히 드문 일이다.

434 I (　　　) the matter serious thought.

① considered　　　② made
③ gave　　　④ brought

435 We put (　　　) at a hotel facing a beach.

① to　　　② in　　　③ on　　　④ up

436 Please keep me (　　　) of any change in
the situation.

① inform　　　② informed of
③ informed　　　④ informing

437 Don't (　　　) to come and see me one of
these days.

① fail　　　② succeed
③ mind　　　④ stop

438 Although she had done such a terrible
thing, her mother made (　　　) for her
youth.

① amends　　　② angry
③ good use　　　④ allowances

439 He is the (　　　) man to tell a lie.

① never　　　② last
③ impossible　　　④ honest

434 **give ~ thought** ～에 대하여 고찰하다 　③

◀ 나는 그 문제를 진지하게 고찰했다.

435 **put up at ~** ～에 머물다 　④

◀ 우리는 해변에 면한 호텔에 묵었다.

436 **keep one informed of ~** 〈사람〉에게 ～을 계속 알려 주다 　③

◀ 상황의 어떤 변화도 나에게 계속 알려 주십시오.

437 **not fail to ~** 반드시 ～하다 　①

◀ 조만간 꼭 나를 찾아 오십시오.

438 **make allowances for ~** ～을 고려하다, ～을 고려해서 관대하게 하다 　④

◀ 그 아이는 아주 끔찍한 일을 저질렀지만 그녀의 어머니는 어린 나이를 고려해서 관대하게 봐주었다.

439 **the last** 결코 ～하지 않을 　②

◀ 그는 결코 거짓말을 하지 않을 사람이다.

440 Nobody can (　　) them from getting married.

① force　　　　② help
③ prevent　　　④ refuse

441 After Mr. Donne ①explained about how my essay ②could be improved, he asked me ③to rewrite it and turn it ④in next week.

442 If my old car can survive ①until next month, it ②has been running ③without major repairs ④for two decades.

443 Their business ①went ②bankrupt ③because poor management ④and bad financial decisions.

440 prevent[keep/stop]＋사람＋from ~ing

〈사람〉이 ~하는 것을 막다

◀ 누구도 그들이 결혼하는 것을 막을 수 없다.

441 ① explained about how
→ explained how

explain은 (사물·일)을 설명하다라는 타동사. 따라서 전치사 about는 필요하지 않다.

◀ 단 선생님은 나의 에세이가 어떻게 하면 더 좋아질까를 설명해 준 다음, 그것을 다시 써서 다음주에 제출하도록 했다.

442 ② has been → will have been

미래의 어떤 시점까지의 동작의 계속은 미래완료진행형인 will have been＋현재분사로 표현한다.

◀ 다음달까지 어떻게든 견뎌준다면 내 헌 차는 20년간 큰 수리 없이 계속 달린 셈이다.

443 ③ because → because of

because＋주어＋동사

because of＋명사

◀ 그늘의 회사는 서툰 경영과 적절하지 못한 채무상의 결정 탓에 파산하고 말았다.

444 Even though ①many products today are easy for most people to use, ②but some products are ③quite difficult for ④disabled people to use.

445 He is constantly ①being ②telling not ③to do that, but he still goes on ④doing it all the same.

446 Glaciers ①which are ②huge masses of ice ③that flow slowly over land ④forms in the cold polar regions and in high mountains.

447 ①Now that I am actually living in Thailand, I am beginning ②to realize that many of the ideas I used ③to having about the country ④were false.

444 ② **but**이 필요하지 않다.

even though은 ~이지만이라는 뜻으로, 양보를 나타내는 부사절을 이끈다. **but** ~로 이어지면 의미가 중복되게 된다.

◀ 오늘날 많은 제품은 대개의 사람들이 사용하기 쉽게 만들어져 있지만 장애를 가진 사람들에게는 상당히 사용하기 어려운 제품도 있다.

445 ② **telling** → **told**

수동태의 현재진행형은 **is[am/are] being**+과거분사로 나타낸다.

◀ 그는 그렇게 하지 않겠다고 끊임없이 말했지만 여전히 똑같이 하고 있다.

446 ④ **forms** → **form**

이 문장의 주어는 **Glaciers**로 복수형이다.

◀ 빙하는 천천히 지면을 흐르는 거대한 얼음 덩어리로 한냉한 극지와 고산에서 형성된다.

447 ③ **to having** → **to have**

used to do는 과거의 상태를 나타낸다. 과거의 습관을 나타내는 경우도 있다.

cf. **be used to ~ing** ~하는 데 익숙해 있다

◀ 실제로 태국에 살아보니 내가 이 나라에 대해서 가지고 있던 생각의 대부분이 잘못되었다는 것을 알게 되었다.

448 Mr. and Mrs. Johnson have been contributing ①to the AIDS hospice ②on a regular basis ③since their son died two years ④before.

449 Few people admit ①making mistakes, but even ②fewer people attempt ③correcting their mistakes ④after they have been made.

450 It is ①by no means easy ②for me ③to make myself ④understand in English.

448 ④ before → ago

(현재를 기준으로 해서) ~ 전에는은 ~ ago로 나타낸다.
~ before는 (과거의 어떤 때를 기준으로 해서) 그 ~전에
라는 의미.

◀ 존슨 부처는 2년 전에 아들을 잃은 후 계속 정기적으로 에이즈 호
스피스에 기부하고 있다.

449 ③ correcting → to correct

attempt는 to부정사를 목적어로 취하는 동사.

◀ 잘못을 인정하는 사람도 적지만 잘못을 한 후에 그것을 고치려고
하는 사람은 더욱 적다.

450 ④ understand → understood

make oneself understood 자기 자신을 이해된 상
태로 하다 → 자신의 의사를 사람에게 알리다

◀ 영어로 의사 전달을 하는 것이 나에게는 결코 용이하지 않다.

25분 챌린지

451 It rained so (　　) that I could (　　) walk without my umbrella.

① hard / hard　　　　② hardly / hard
③ hard / hardly　　　④ hardly / hardly

452 I'm very sorry if I hurt you, but I didn't mean (　　).

① to　　② so　　③ for　　④ by

453 He was employed in the office for a (　　) salary.

① little　　　　② cheap
③ few　　　　　④ small

454 You said she was kind and so (　　).

① are you　　　② is she
③ she is　　　　④ you are

455 Any meal (　　) do so long as it is delicious.

① will　　　　② should
③ can　　　　　④ must

451 **hard** 심한
hardly 거의 ~ 아니다
③

◀ 비가 아주 심하게 왔기 때문에 우산 없이는 거의 걸을 수가 없었다.

452 **I didn't mean to hurt you.**를 생략한 형태.
mean to do ~할 작정이다
①

◀ 마음 상하셨다면 정말 죄송합니다. 그럴 생각은 아니었습니다.

453 **salary**는 **large, small**로도 수식할 수 있다.
④

◀ 그는 싼 급료로 그 사무실에 고용되었다.

454 **so she is** = she is kind
③

◀ 네가 그녀는 친절하다고 말했는데 정말 그렇더라.

455 긍정문에서 **any**를 사용하면 어떤 ~이라도의 의미.
will do 쓸 만하다, 괜찮다
①

◀ 맛이 있다면 어떤 식사라도 좋습니다.

456 There's a (   ) to my father's patience.

  ① limit   ② top

  ③ bottom   ④ border

457 My boss tried to (   ) her ideas across.

  ① bring   ② give   ③ get   ④ have

458 If you don't go, I will not go, (   ).

  ① too   ② again

  ③ also   ④ either

459 (   ) I show you some photographs?

  ① Must   ② May

  ③ Have   ④ Shall

460 This picture doesn't (   ) his justice.

  ① do   ② come   ③ go   ④ make

461 Most workers are paid (   ) the month.

  ① at   ② on   ③ for   ④ by

462 Go upstairs and put (   ) your toys first.

  ① away   ② in

  ③ through   ④ out

456 there's a limit to ~ ~에도 한계가 있다   ①

◀ 우리 아버지의 참을성에도 한계가 있다.

457 get ~ across (생각 등)을 이해시키다   ③

◀ 나의 상사는 자신의 생각을 납득시키려고 애썼다.

458 부정문에서 ~도, 역시는 either를 사용한다.   ④

◀ 네가 가지 않는다면 나도 가지 않겠다.

459 Shall I ~? ~할까요?   ④

상대의 의향을 물어볼 때의 표현.

◀ 사진을 좀 보여 드릴까요?

460 do ~ justice (사람이나 물건을) 정당하게 다루다,   ①
~을 올바로 평가하다

◀ 그의 이 사진은 실물대로 나오지 않았다.

461 by the month 월 단위로   ④

◀ 대부분의 노동자가 월 단위로 급여를 받고 있다.

462 put away ~ ~을 치우다   ①

◀ 먼저 위층에 올라가서 장난감을 치워라.

463 (　　　) spend a little more money on your books?

① How come　　　② How about
③ Why not　　　④ Why should

464 Be sure (　　　) off all the lights before you go to bed.

① put　　　② to put
③ putting　　　④ of putting

465 My father, having sent away his guests, (　　　) to his study.

① revealed　　　② retrieved
③ retired　　　④ remitted

466 Would you please let me (　　　) your personal computer?

① use　　　② using
③ used　　　④ to use

467 Keep alcohol (　　　) of your children.

① out of the way　　　② out of control
③ out of reach　　　④ out of danger

463 **Why not ~?** ~하는 것은 어때?
= **Why don't you ~?**
상대가 무엇인가 권유했을 때 **Why not?**으로 대답하면
OK의 뜻.

◀ 책을 사는 데 조금 더 돈을 쓰는 것이 어떻겠습니까?

464 **be sure to do** 반드시 ~하다
cf. **be sure of** ~을 확신하고 있다

◀ 자기 전에 반드시 불을 전부 끄십시오.

465 **retire to ~** (사적인 장소 등)에 틀어박히다, 물러나다

◀ 우리 아버지는 손님을 보낸 다음 서재에 들어가셨다.

466 **let**＋목적어＋원형부정사

◀ 당신의 컴퓨터를 사용해도 괜찮겠습니까?

467 **out of reach of ~** ~의 손이 닿지 않는 곳
= **out of ~'s reach**

◀ 술은 아이들의 손이 닿지 않는 곳에 두십시오.

468 Let's begin your test, and (   ) your time.

   ① make   ② get   ③ take   ④ lay

469 The groundless rumor spread (   ) all directions.

   ① through   ② by
   ③ to   ④ in

470 My daughter is absorbed (   ) the study of psychology everyday.

   ① in   ② of   ③ from   ④ about

471 She has devoted her life to (   ) world peace.

   ① have promoted
   ② having been promoting
   ③ promote
   ④ promoting

472 The movie didn't come (   ) to my expectation.

   ① on   ② down   ③ up   ④ over

468 **take one's time** 천천히 하다, 서두르지 않다 ③

◀ 시험을 시작하겠습니다, 천천히 하십시오.

469 **in all directions** 사방팔방으로 ④
= **in every direction**

◀ 근거 없는 그 소문은 사방팔방으로 퍼져 나갔다.

470 **absorbed in ~** ~에 열중하다 ①

◀ 내 딸은 심리학 연구에 열중하고 있다.

471 **devote one's life to**+동명사 ~하는 것에 일생 ④
을 바치다

◀ 그녀는 세계 평화 촉진에 일생을 바쳤다.

472 **come up to ~** ~에 달하다 ③

◀ 그 영화는 나의 기대에 미치지 못했다.

473 I am afraid you missed the (　　) of my argument.

  ① topic   ② subject
  ③ thesis   ④ point

474 I used to sit up late listening to the radio the (　　) hours.

  ① lately   ② great
  ③ small   ④ latter

475 I don't know what to (　　) with such a big money.

  ① use   ② make
  ③ spend   ④ do

476 Because Billy has been practicing very hard, he is very (　　) to win the game.

  ① probably   ② easy
  ③ likely   ④ pretty

477 I'm sorry to have kept you (　　).

  ① waited   ② waiting
  ③ to wait   ④ wait

478 I'm (　　) of money this month.

  ① lack   ② need
  ③ scarce   ④ short

473 point 요점

◀ 너는 내 주장의 요점을 놓치고 있는 것 같다.

474 the small hours 밤중(밤 1시, 2시)

◀ 나는 한밤중까지 라디오에 귀를 기울이며 밤을 새우곤 했다.

475 do with ~ ~을 취급하다(항상 **what**이 목적어로 온다.)

◀ 이런 큰 돈을 어떻게 해야 할지 모르겠다.

476 be likely to do ~할 것 같다, 아마 ~할 것이다
likely는 It is ~ that ...의 구문으로도 사용된다.

◀ 빌리는 아주 열심히 연습했기 때문에 시합에서 틀림없이 이길 것이다.

477 keep one ~ing 〈사람〉을 계속 ~하게 하다

◀ 기다리시게 해서 죄송합니다.

478 be short of ~ ~이 부족하다

◀ 이번 달은 돈이 부족하다.

479 Take a coat (   ) the weather turns cold.

① so that ② such as
③ in case ④ every time

480 (   ) do you like your new office?

① How ② What
③ Why ④ Whom

481 I'm (   ) a doctor tomorrow afternoon.

① going ② seeing
③ engaging ④ appointing

482 OK. Let's call it (   ).

① being a day ② a day
③ day ④ done

483 I found a (   ) number of mistakes in her paper.

① large ② many ③ lot ④ much

484 I know the best cure (   ) a cold.

① from ② of ③ for ④ by

485 Sometimes, words (   ) to describe what you really mean.

① miss ② fail ③ lack ④ drop

479 in case ~ ~하면 안 되니까(= for fear that ~) ③

◀ 추워질지 모르니까 코트를 가지고 가세요.

480 How do you like ~? ~은 어떻습니까? ①

◀ 새로운 사무실은 어때요?

481 see[consult] a doctor 의사에게 진찰을 받다 ②

◀ 내일 오후 의사에게 진찰을 받으러 갑니다.

482 let's call it a day 오늘은 여기까지 ②

◀ 좋아, 오늘은 여기까지 하자.

483 a large number of 많은 ①

◀ 나는 그녀의 논문에서 많은 오류를 발견했다.

484 a cure for ~ ~의 치료법 ③

◀ 나는 감기에 가장 좋은 치료법을 알고 있다.

485 fail to do ~하는 데 실패하다, ~를 게을리하다 ②

◀ 말로서는 정말로 말하고 싶은 것을 표현하지 못하는 경우가 있다.

486 I (　　) her to study abroad.

① afforded　　　　② encouraged
③ hoped　　　　　④ tried

487 I want to take two days (　　) next week.

① up　　② over　　③ off　　④ out

488 He accused me (　　) cheating on an exam.

① to　　② in　　③ of　　④ for

489 I want to see you at five. Will (　　)?

① be convenient to that
② you be convenient
③ you be convenient for that
④ that be convenient

490 She had her son (　　) some pictures.

① take　　　　② took
③ taken　　　④ taking

486 **encourage**+사람+**to do** 〈사람〉에게 ~하도록
권장하다, 격려하다

◀ 나는 그녀에게 유학갈 것을 권했다.

487 **take a day off** (1일의) 휴가를 하다

◀ 다음 주 중 이틀간 휴가를 신청하고 싶습니다.

488 **accuse one of ~** 〈사람〉을 ~의 일로 비난하다

◀ 그는 내가 시험에서 커닝을 했다고 비난했다.

489 **convenient**는 (사물 · 일 · 장소 등이) 상태가 좋은, 편
리한의 의미이므로, 사람을 주어로 쓸 수 없다.

◀ 다섯 시에 만나고 싶은데 괜찮겠습니까?

490 **have**+목적어+원형부정사

◀ 그녀는 아들에게 사진을 몇 장 찍어 주었다.

491 ①<u>At</u> least three-quarters of that book on famous Americans ②<u>are</u> about people ③<u>who</u> lived ④<u>in</u> the nineteenth century.

492 A great singer ①<u>like</u> Madonna ②<u>can sell</u> all her tickets ③<u>for</u> a concert ④<u>very ahead of</u> the concert date.

493 I'd like ①<u>to go</u> ②<u>in up</u> a ③<u>more advanced</u> examination if I ④<u>can</u>.

494 The other team ①<u>committed</u> a foul, but the referee ②<u>didn't see</u> it. ③<u>Had</u> the referee seen it, our team ④<u>would win</u> the game.

495 ①<u>Would</u> you mind ②<u>let</u> me ③<u>know</u> the result of this competition ④<u>later</u>?

491 ② are → is
three-quarters는 3/4. **분수**＋**of**＋**명사**가 주어일 때는 동사는 **명사의 수**에 일치시킨다.

◀ 미국의 저명 인사에 관한 그 책은 적어도 3/4이 19세기에 살았던 사람들에 관한 것이다.

492 ④ very ahead of → far[well] ahead of
ahead를 강조할 때는 **very**가 아니고 **far**와 **well**을 사용한다.

◀ 마돈나와 같은 대형 가수의 티켓은 콘서트 당일 훨씬 전에 매진된다.

493 ② in up → in for
go in for ~ (시험 등)을 치르다, (경기 등)에 참가하다

◀ 가능하다면 좀더 상급 시험을 치르고 싶다.

494 ④ would win → would have won
가정법 과거완료 문장이므로 주절은 **would have**＋**과거분사**로 나타낸다.

◀ 상대 팀이 반칙을 했는데도 심판은 보질 못했다. 만약 심판이 그것을 보았다면 우리 팀이 이겼을 것이다.

495 ② let → letting
mind는 동명사를 목적어로 취하는 동사.

◀ 이 콩쿨의 결과를 나중에 알려 주시겠습니까?

496 No sooner ①had I said yes ②as I ③knew I
④had made a mistake.

497 Do you think people should ①be allowed
to take ②however risks ③they want ④as
long as they don't endanger or bother
others?

498 I ①tried in vain to ②get my son to become
a politician; I now understand he ③does
not ④cut out for it.

499 ①Kept one hand ②on the steering wheel,
Kevin opened ③a can of soda pop ④with
his free hand.

500 Little ①I did dream ②that our team ③would
go ④that far in the tournament.

496 ② as → than

no sooner ~ than ... ~하자마자 …하다

◀ 승낙하자마자 나는 그것이 잘못됐다는 것을 알았다.

497 ② however risks → whatever risks

whatever+명사+S+V S가 V한다면 어떤 ~이라도

◀ 타인에게 피해를 주지만 않는다면, 사람은 자신이 원하면 그 어떤
위험을 무릅쓰더라도 좋다고 생각합니까?

498 ③ does not → is not

be cut out for ~ ~에 적성이 있다〈주로 부정문에 사용〉

◀ 아들을 정치가로 키우려고 생각했지만 허사였다. 이제서야 깨닫
게 된 것이지만 아들은 정치가가 적성에 맞지 않는다.

499 ① Kept → Keeping

~하면서의 뜻으로, 부대상황을 나타내는 분사구문.

◀ 한 손을 차의 핸들에 얹은 채 캐빈은 다른 손으로 소다수 깡통 마
개를 땄다.

500 ① I did → did I

little과 never 등과 같이 부정을 나타내는 부사를 강조
하기 위해서 문두에 놓으면 도치가 생긴다.

◀ 토너먼트에서 우리 팀이 거기까지 가리라고는 꿈에도 생각지 못
했다.

25분 챌린지

501 Even now the people of that village live in
( ) same way.

① the much ② much the
③ the most ④ most the

502 She remained ( ) all day.

① silent ② silently
③ silence ④ the silent

503 This song ( ) my dead father.

① was remembered
② remembers me of
③ reminds me of
④ was reminded me of

504 The boss wants the job ( ) by tomor-
row.

① to finish ② finished
③ finishing ④ have finished

답

501 보통 형용사는 **very**로 강조하지만, **different, alike, same** 등은 **much**로 강조한다.　②

◀ 지금도 그 마을 사람들은 거의 똑같은 방식으로 살아가고 있다.

502 **remain**은 2형식 동사로 쓰이므로 보어 자리에 올 수 있는 것을 찾는다.　①

silent ㉖ 조용한, 무언의

◀ 그녀는 하루 종일 침묵하고 있었다.

503 **remind**＋사람＋**of** ～ 〈사람〉에게 ～을 생각나게 하다　③

◀ 이 노래를 들으면 나는 돌아가신 아버지가 생각난다.

504 **want**＋O(목적어)＋과거분사 O(목적어)가 ～되는 것을 바라다　②

◀ 상사는 내일까지 그 일이 마쳐지길 바란다.

505 I (　　) a glimpse of Mt. Everest from the train.

① cost　　　　　　　　② kept
③ caught　　　　　　　④ threw

506 Are you going to (　　) part in the meeting?

① make　② take　③ get　④ put

507 This watch is proof (　　) damage from water.

① against　　　　　　② of
③ under　　　　　　　④ for

508 The professor pointed (　　) my mistake in public.

① out　　② for　　③ by　　④ on

509 What did Jerry say? He said, "(　　) me buy you a drink."

① Allow　　　　　　② Permit
③ Let　　　　　　　④ Cause

510 He found none of tie completely (　　) his taste.

① to　　② with　　③ by　　④ for

505 **catch[get/have] a glimpse of ~** ~을 얼핏 **보다**의 의미로, 자연스럽게 시야에 들어온 경우에 사용한다. 

◀ 열차에서 에베레스트 산이 얼핏 보였다.

506 **take part in ~** ~에 참가하다 

◀ 당신은 회의에 참석할 예정입니까?

507 **be proof against ~** ~에 견딜 수 있다 

◀ 이 손목 시계는 방수 제품이다.

508 **point out** (사실 등을) 지적하다 

◀ 그 교수는 많은 사람들 앞에서 내 잘못을 지적했다.

509 **let one do** 〈사람〉이 ~하는 것을 허락하다

◀ 제리가 뭐라고 했어? "한잔 살게." 하고 말했어.

510 **to one's taste** 〈사람〉의 기호에 맞다 

◀ 그는 기호에 딱 맞는 넥타이를 찾을 수가 없었다.

511 Who did you have (　　) you with your report?

① help　　　　　　　② helped
③ to help　　　　　④ been helped

512 Let me see the photograph you took last week, (　　)?

① do you　　　　　② don't you
③ will you　　　　④ shall you

513 The meeting will come (　　) order at 6:00 tonight.

① at　　② on　　③ in　　④ to

514 She was very proud (　　) relied on by people.

① to　　　　　　　② to be
③ of　　　　　　　④ of being

515 Your money will be (　　) if you are not fully satisfied with our product.

① saved　　　　　② reimbursed
③ backed　　　　④ cancelled

516 I'm busy (　　) breakfast ready.

① to get　　　　　② got
③ getting　　　　④ on getting

511 **I had him help me ~.**의 **him**을 묻는 형태.

◀ 누구에게 너의 리포트를 도와 달라고 했니?

512 **Let me see ~**는 명령형이므로, 부가의문문은 **will you?**가 된다.

◀ 지난 주에 촬영한 사진을 좀 보여 줄래요?

513 **come to order** (회의 등이) 시작되다

◀ 회의는 오늘 밤 6시에 시작할 것이다.

514 **be proud of**+동명사 **~하는 것을 자랑스러워하다**

◀ 그녀는 사람들이 자신을 신뢰하는 것을 대단히 자랑스러워했다.

515 **reimburse** (비용 등)을 변제하다

◀ 저희 제품에 충분히 만족하시지 않을 경우는 환불해 드립니다.

516 **be busy**+동명사 **~하느라 바쁘다**

◀ 나는 아침 준비로 바쁘다.

517 My brother (　　　) great delight in draw-
ing.
① has　　　　　　　　② takes
③ makes　　　　　　　④ hears

518 That news (　　　) us a great startle.
① got　　② put　　③ gave　　④ let

519 You should know (　　) she is like.
① how　　② which　③ as　　④ what

520 My wife always has her own (　　　).
① means　　　　　　② way
③ habit　　　　　　 ④ opinion

521 I have been busy (　　) for the project.
① prepare　　　　　② preparing
③ prepared　　　　 ④ to prepare

522 Any vegetable will (　　) as long as it is
fresh.
① do　　② bring　③ eat　　④ come

523 It is (　　) that he annoyed me on pur-
pose.
① sure　　　　　　② unwilling
③ likely　　　　　 ④ sorry

517　**take great delight in ~**　~을 크게 기뻐하다　②

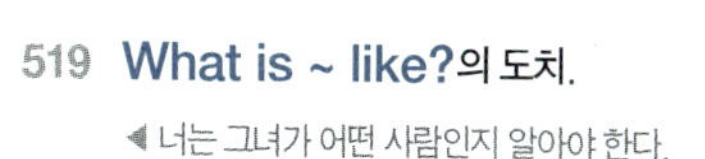
◀ 내 동생은 그림 그리는 것을 굉장히 좋아한다.

518　**give a startle**　놀라게 하다　③

◀ 우리는 그 소식에 상당히 놀랐다.

519　**What is ~ like?**의 도치.　④

◀ 너는 그녀가 어떤 사람인지 알아야 한다.

520　**have one's own way**　〈사람〉이 하고 싶은 대로 하다　②

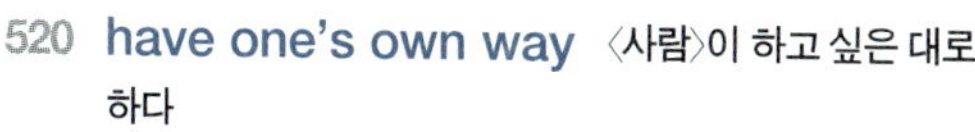
◀ 내 와이프는 언제나 자신이 하고 싶은 대로 한다.

521　**busy ~ing**　~로 바쁘다(=busy with+명사)　②

◀ 나는 프로젝트 준비로 바쁘다.

522　**do**　충분하다, ~의 용도에 맞다(will과 함께 쓰인다.)　①

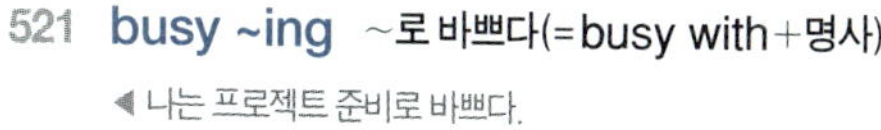
◀ 신선하기만 하면 어떤 채소라도 좋습니다.

PART 3

30분 만에 마스터하는 자주 나오는 문제 ③ 50

523　**It is sure that**　~은 쓸 수 없다(certain은 가능).　③
willing, sorry는 사람을 주어로 쓴다.

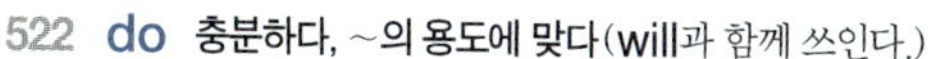
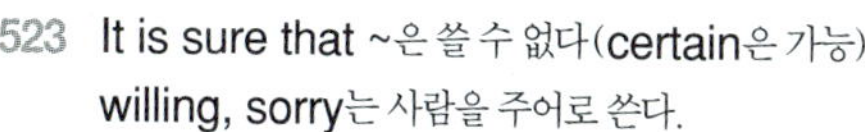
◀ 그는 나를 일부러 괴롭히는 것 같다.

524 She had no (　　　) but to take a bus.

① chance　　　　　② choice

③ method　　　　　④ possibility

525 There (　　　) information of this accident in today's newspaper.

① are much　　　　② are many

③ is much　　　　　④ is many

526 I'm so sorry to have kept you (　　　) such a long time.

① wait　　　　　　② waiting

③ waited　　　　　④ to wait

527 Be sure (　　　) a call when you get there.

① give me　　　　　② giving me

③ to give me　　　　④ of giving me

528 You must have patience (　　　) old people.

① at　　　② by　　　③ for　　　④ with

529 (　　　) but not least, I'd like to thank my husband for his help.

① For the last time　　② Last

③ At last　　　　　　④ In the last

524 have no choice but to do ~하는 것 외에는 방법이 없다

◀ 그녀는 버스에 타는 것밖에 방법이 없었다.

525 information 정보는 불가산명사.

◀ 이 사고에 관한 정보는 오늘 신문에 많이 나와 있다.

526 keep one waiting 〈사람〉을 기다리게 해두다

◀ 이렇게 오랫동안 기다리게 해서 죄송합니다.

527 be sure to do ~ 반드시 ~해라, 잊지 말고 ~해라
be sure and do ~로 바꾸어 말할 수 있다.

◀ 거기에 도착하면 꼭 나한테 전화해.

528 have patience with ~ ~에 대해 인내력을 갖다

◀ 당신은 노인에 대해서 인내심을 가져야 한다.

529 last but not least 마지막으로 말하지만 (가장 중요한)

◀ 마지막으로 나는 도움을 준 남편에게 감사하고 싶습니다.

530 (　　) he needs for his life is money.

① That　　② What　　③ Why　　④ All

531 Are you afraid of (　　) mistakes?

① made　　　　　　② make
③ making　　　　　④ to make

532 My uncle is an expert (　　) economics.

① into　　② in　　③ for　　④ from

533 The professor in (　　) of our class is from Canada.

① charge　　　　　② honor
③ view　　　　　　④ position

534 She is particularly (　　) cold.

① sensitive to　　　② anxious for
③ familiar to　　　　④ eager for

535 I can't (　　) without fur boots in winter.

① do　　　　　　　② get
③ put　　　　　　　④ spend

530 **all one need for** 〈사람〉이 ~에 필요한 모든 것 ④

◀ 그가 인생에 필요로 하는 것은 돈뿐이다.

531 **be afraid of**+동명사 ~하는 것을 두려워하다 ③

◀ 실수하는 것이 두렵습니까?

532 **an expert in ~** ~의 전문가 ②

◀ 삼촌은 경제학 전문가이다.

533 **in charge of ~** ~을 담당하다 ①

◀ 우리 과 담당 교수는 캐나다 출신이다.

534 **be sensitive to ~** ~에 민감하게 반응하다 ①
be anxious for ~ ~을 갈망하다
be familiar to ~ ~에 잘 알려지다
be eager for ~ ~을 열망하다

◀ 그녀는 특히 추위에 민감하다.

535 **do without ~** ~없이 끝내다 ①

◀ 털 부츠 없이 겨울을 날 수 없다.

536 (　　) is often the case with her, my sister overslept this morning.

① What　　　　　② Which
③ That　　　　　④ As

537 Would you give me (　　)?

① a help　　　　② a support
③ an aid　　　　④ a hand

538 I had better not (　　) there.

① going　　　　② have gone
③ to go　　　　④ had gone

539 His wife never gave him up (　　) while he was away for a long time.

① in large　　　② for lost
③ at last　　　　④ like anything

540 You should be (　　) of yourself for doing such a silly thing.

① angry　　　　② ashamed
③ delighted　　④ afraid

536 as is often the case with ~ ～의 경우에는 흔히 있는 일이지만 ④

◀ 흔히 그렇듯이 언니는 오늘 아침도 늦잠을 잤다.

537 give one a hand 도움을 받다 ④

◀ 도와 주시지 않을래요?

538 had better not have done ～하지 않았던 편이 좋았다 ②

◀ 나는 거기에 가지 않았던 편이 나았다.

539 give up for lost (행방불명으로, 가망이 없다고) 단념하다 ②

◀ 그의 아내는 그가 오랫동안 집에 돌아오지 않는 동안에도 그가 행방불명되었다고 단념하지 않았다.

540 be ashamed of ~ ～을 부끄러워하다 ②

◀ 그런 바보 같은 짓을 하다니 부끄러운 줄 알아라.

541 There's ①10 percent discount ②on every- thing today ③provide that you have one of the ④coupons from today's newspaper.

542 My sister ①had a hard time when she ②was coming home from the store because the bag of groceries ③were too heavy ④for her to carry.

543 ①Though it is poor ②in natural resources, Korea ③has become an economic super- power ④thanking to international trade.

544 These days, ①many manufacturers are making "barrier-free" products, ②which can be used by anyone ③that the user is ④disabled or not.

541 ③ **provide** → **provided / providing**

provided[providing] (that)은 만약 ~이라면의 의미로 조건을 나타내는 부사절을 이끈다.

◀ 오늘 신문에 있는 쿠폰 1장을 가지고 오시면 금일 전 상품을 10% 할인해 드립니다.

542 ③ **were** → **was**

because가 이끄는 부사절의 주어는 the bag of groceries로 단수이다.

◀ 언니가 옮기기에는 식료품 자루가 너무 무거웠기 때문에 그녀는 가게에서 집으로 오는 길에 대단히 고생했다.

543 ④ **thanking** → **thanks**

thanks to ~는 원인이나 이유를 나타내는데, 좋은 원인과 나쁜 원인에 모두 사용할 수 있다.

◀ 천연 자원의 부족에도 불구하고 한국은 국제 무역 덕분에 경제 대국이 되었다.

544 ③ **that** → **whether**

whether ~ or not   ~인지 어떤지

◀ 최근에는 많은 제조업자들이 배리어 프리 제품을 생산하고 있는데, 그것은 사용자가 장애자이든 아니든 누구라도 사용할 수 있다.

545 Last week, the company announced ①it would cut ②its prices ③for an attempt to increase ④its market share.

546 All passengers ①whoever are nationals of countries ②other than the Unites States must ③complete an Immigration Form ④before arrival in the U.S.

547 Their old house was ①so large that they had to ②give away ③many of their furniture when ④they moved.

548 ①While American comic books ②are mainly written for children and teenagers, Japanese ③ones are for adults ④so well as for children.

549 The new company ①regulations will ②go into ③effective from the first Monday ④in May.

545 ③ for → in

in an attempt to do ~할 작정으로

◀ 지난 주 그 회사는 시장 점유율을 높이기 위해 가격을 인하한다고
발표했다.

546 ① whoever are → who are

All passengers(선행사)가 있으므로, 주격 관계대명사
who를 사용한다.

◀ 미국 이외의 국적을 가진 모든 승객은 미국에 도착하기 전에 입국
신고서를 작성해야 한다.

547 ③ many → much

furniture는 불가산명사이다. 그러므로 **many**가 아니라
much를 사용한다.

◀ 그들의 이전 집은 아주 컸으므로 이사할 때에 많은 가구들을 사람
들에게 나누어 줘야 했다.

548 ④ so well → as well

A as well as B B 뿐만 아니라 A도

◀ 미국의 만화책은 주로 어린이와 청소년을 위해 쓰여졌는데 일본
의 만화책은 어린이는 물론 어른을 위한 것도 있다.

549 ③ effective → effect

effective는 유효한, 효력이 있는이라는 의미의 형용사.
go into effect 시행되다, 유효하게 되다

◀ 새로운 사규는 5월의 첫째 월요일부터 적용된다.

550 ①<u>When</u> we ②<u>heard about</u> the terrible accident, we ③<u>were all shocked</u> and didn't know ④<u>how to say</u>.

550 ④ how to → what to

what to do 무엇을 ~할 것인가

cf. how to do 어떻게 ~할 것인가, ~하는 방법

◀ 그 끔찍한 사고 소식을 듣고 우리는 모두 쇼크를 받아 할 말을 잃었다.

25분 챌린지

551 Let me (　　　) you of your suitcase.

① help　　　　　　　② make
③ relieve　　　　　　④ bring

552 Sam convinced me that I was (　　　) wrong for the job.

① in the　② up　　③ on a　　④ with all

553 A girl (　　) two dogs (　　) coming toward me.

① with / was　　　　② with / were
③ together / was　　④ together / were

554 I hate to have you (　　　).

① come　　　　　　② came
③ to come　　　　　④ of coming

555 Consult (　　　) when you need to.

① on your dictionary
② your dictionary
③ to your dictionary
④ in your dictionary

551 **relieve**＋사람＋**of**＋물건[일]　〈사람〉으로부터 (귀찮은) 물건[일]을 제거하다　③

◀ 당신의 슈트케이스를 들어드릴까요?

552 **in the wrong**　적당하지 않은, 어울리지 않는　①

◀ 샘은 내가 그 일에 어울리지 않는다고 나를 설득시켰다.

553 동반을 나타내는 **with**.　①
문장의 주어는 **a girl**로 단수.

◀ 개를 두 마리 데리고 있는 여자 아이가 내가 있는 쪽을 향해 오고 있다.

554 **have**＋목적어＋원형부정사　①

◀ 나는 너에게 오라고 하고 싶지 않다.

555 **consult**는 ～을 조사하다, ～을 참조하다라는 의미의 타동사이므로 전치사는 필요 없다.　②

◀ 필요할 때는 사전을 찾으세요.

556 Larry is (　　) to think that he is smarter than anybody else in the class.

① apt　　　　　　　　② impressed
③ subjected　　　　　④ prejudiced

557 (　　) of five girls got a prize.

① Each　　　　　　　② Almost
③ Both　　　　　　　④ Every

558 He gave me his (　　) that he would never be late.

① speech　　　　　　② word
③ sentence　　　　　④ phrase

559 He made a good impression (　　) his interviewer.

① into　　② on　　③ over　　④ to

560 There were more than three hundred (　　) asleep in the hotel when the earthquake hit.

① clients　　　　　　② passengers
③ guests　　　　　　④ audience

561 (　　) have you been in Korea?

① How far　　　　　② How long
③ When　　　　　　④ What time

556 be apt to do ~하는 경향이 있다, ~하기 쉽다
cf. **be likely to do** 아마 ~할 것이다 

◀ 래리는 학급에서 자신이 그 누구보다도 똑똑하다고 생각하는 것 같다.

557 each of ~ ~의 각각

◀ 5명의 소녀들 각자가 상을 받았다.

558 give ~ one's word ~에게 약속하다, ~에 맹세하다 

◀ 그는 나에게 두 번 다시 지각하지 않겠다고 약속했다.

559 make a good impression on ~ ~에게 좋은 인상을 주다 

◀ 그는 면접관에게 좋은 인상을 주었다.

560 guest 숙박객 
client 고객 **passenger** 승객
audience 관객

◀ 지진이 발생했을 때 호텔에는 300명 이상의 숙박객이 자고 있었다.

561 기간은 How long ~?으로 묻는다 

◀ 한국에 오신 지 얼마나 되세요?

562 Incorrect pronunciations (　　) to some misunderstandings.

① cause　② bring　③ result　④ lead

563 This lake is (　　) at that point.

① deeper　　　　　② de deeper
③ deepest　　　　④ the deepest

564 Things are going from bad to (　　) lately.

① bad　② better　③ worst　④ worse

565 I've got a very high opinion (　　) your brother.

① on　　② of　　③ for　　④ over

566 I'm quite out of (　　) in such a high society party.

① town　② place　③ breath　④ sight

567 She finally approved (　　) our project.

① at　　② for　　③ to　　④ of

568 He excused (　　) for taking up her time.

① him　② his　③ he　④ himself

562 lead to (어떤 결과에) 도달하다

cause, bring about, result in도 가능.

◀ 부정확한 발음은 오해를 불러 일으킨다.

563 동일한 물건 중에서 다른 요소끼리 비교할 때는 최상급에
the를 붙이지 않는다.

◀ 이 호수에서 저 지점이 가장 깊다.

564 go from bad to worse (상황이) 점점 나빠지다

◀ 최근 상황이 점점 악화되어 가고 있다.

565 have a high opinion of ~ ~을 높게 평가하다

◀ 나는 너의 형을 높이 평가하고 있다.

566 out of place 어울리지 않는

◀ 나는 이런 상류 사회의 파티와는 어울리지 않는다.

567 approve of ~ ~에 찬성하다, 승인하다

◀ 그녀는 결국 우리의 프로젝트에 찬성했다.

568 excuse oneself for ~ing ~한 것에 감사하다

◀ 그는 그녀가 시간을 내준 것에 대해 감사했다.

569 My sister (　　　) a doctor last month.
① married ② married for
③ married to ④ married with

570 Would you like another (　　　)?
① loaf of cake ② pair of cake
③ piece of cake ④ cakes

571 Can you make yourself (　　　) in German?
① understand ② understanding
③ to understand ④ understood

572 He should (　　　) about his task.
① come ② excite ③ do ④ go

573 I don't know (　　　) to move it with.
① how ② what ③ who ④ why

574 She turns every circumstance to her (　　　).
① drawer ② existence
③ camera ④ advantage

569 **marry ~**   ~와 결혼하다
①
marry는 타동사이므로 전치사가 필요하지 않다.

◀ 내 여동생은 지난 달에 의사와 결혼했다.

570 cake는 **piece of**로 수량을 나타낸다.
③

◀ 케이크 한 조각 더 드시겠습니까?

571 **make oneself understood**   이해시키다, 납
④
득시키다

◀ 독일어로 의사 전달을 할 수 있나요?

572 **go about ~**   ~을 시작하다, ~에 몰두하다
④
come about 일어나다, 생기다

◀ 그는 자신의 일에 몰두해야 한다.

573 move it with+명사가 대답이 될 수 있다.
②
I don't know how to move it.으로도 표현할 수
있다.

◀ 나는 무엇이 그것을 움직이게 하는지 모른다.

574 **turn ~ to one's (own) advantage**
④
(약점)을 역으로 이용하다, 유리하게 바꾸다

◀ 그녀는 어떠한 상황도 자신에게 유리하게 바꾼다.

575 It snowed for days (   ).

   ① in end   ② on end

   ③ no end   ④ to no end

576 He finally made an admission (   ) his failure.

   ① when   ② under   ③ of   ④ up

577 Professor William always tries to make his students (   ) in his class.

   ① relax   ② to relax

   ③ relaxing   ④ relaxation

578 Is it OK (   ) you if I use your computer today?

   ① by   ② with   ③ for   ④ of

579 I didn't have the (   ) doubt that he meant for a joke.

   ① little   ② less   ③ lesser   ④ least

580 The (   ) areas are dangerous so that you need to stay close to home.

   ① neighbor   ② neighbor's

   ③ neighboring   ④ neighbored

575 **on end**는 **계속해서, 연달아서**의 의미로, 때를 나타내는 복수 명사의 뒤에 사용된다. ②

ex. for hours on end 몇 시간이나 계속

◀ 며칠 동안 계속해서 눈이 내렸다.

576 **make an admission of ~** ~을 인정하다 ③

◀ 그는 결국 자신의 실패를 인정했다.

577 **make**+사람+원형부정사 ①

◀ 윌리엄 교수는 수업 중에 항상 학생들이 긴장을 풀도록 했다.

578 **with you** 너에게는 ②

◀ 오늘 내가 당신의 컴퓨터를 사용해도 괜찮겠습니까?

579 **not the least** 조금도 ~않다 ④

◀ 나는 그가 농담으로 한 말이라는 것을 조금도 의심하지 않았다.

580 **neighboring** 인접한은 한정적 용법으로만 사용하는 형용사. ③

◀ 인접한 지역은 위험하므로 집 가까이에 있을 필요가 있다.

PART 4 — 30분 만에 마스터하는 자주 나오는 문제 ④ 50

581 The company has made great (　　) to a space development program.

① tributes　　　　　② contributions
③ attributions　　　④ distributions

582 It is all (　　) you whether you'll stay or not.

① within　　　　　② up to
③ with　　　　　　④ done by

583 Can you (　　) an artificial pearl from a real pearl?

① say　　② speak　　③ talk　　④ tell

584 This is the problem I have to (　　) him to consider.

① let　　② make　　③ get　　④ have

585 The lady I saw was (　　) than the famous singer.

① none　　　　　　② none other
③ no one　　　　　④ not else

586 Our boss (　　) everyone's respect.

① collect　　　　　② command
③ order　　　　　　④ do

581 make contributions to ~ ~에 공헌하다 ②

◀ 그 회사는 우주 개발 프로그램에 크게 기여했다.

582 be up to ~ ~이 결정하다 ②

◀ 머무르든 머무르지 않든 전적으로 당신에게 달렸다.

583 tell A from B A와 B를 구분하다, 분간하다 ④
= distinguish A from B

◀ 인공 진주와 천연 진주를 구별할 수 있습니까?

584 get one to ~ 〈사람〉에게 ~해달라고 하다 ③

◀ 이것이 그에게 생각해 보라고 해야 하는 문제이다.

585 none other than 다름 아닌 것[사람] ②

◀ 내가 본 그 여성이 바로 그 유명한 가수였다.

586 command respect 존경을 받다 ②

◀ 우리 상사는 모두의 존경을 받고 있다.

587 He attempted to make (　　　) his promise.

   ① use   ② good

   ③ nothing   ④ better

588 Is it possible to move into this dorm this (　　　) Sunday?

   ① nearing   ② coming

   ③ approaching   ④ beginning

589 Let's eat out today, (　　　) we?

   ① shall   ② will   ③ can't   ④ won't

590 You must be tired. Sit down and take it (　　　) for a minute.

   ① rest   ② easy

   ③ time   ④ comfortable

587 **make good** (약속 등을) 지키다

◀ 그는 약속을 지켜 보려고 했다.

588 **coming**은 **이번, 다가오는**이라는 뜻의 형용사.

◀ 이번 일요일에 이 기숙사로 옮길 수 있습니까?

589 **eat out** 외식하다

◀ 오늘은 밖에서 식사할까요?

590 **take it easy** 편하게 하다

◀ 피곤할텐데, 앉아서 잠시 편하게 쉬세요.

591 ①On ②her hearing the child③ had been found, Ann ④burst into tears.

592 The doctors expressed the conviction ①that if they ②knew more about the causes of the disease they ③could have probably found a cure ④in the next three years.

593 It is sometimes necessary ①for the government ②to intervene ③to the ④currency market.

594 We owe ①being able to ②live a comfortable life ③for all respects ④to our father's hard work.

591 ② her hearing → hearing

= As soon as she heard that …

종속절의 동명사의 의미상의 주어가 주절의 주어와 일치하는 경우는 나타낼 필요가 없다.

◀ 아이를 찾았다는 소리를 듣는 순간 앤은 울음을 터뜨렸다.

592 ③ could have probably found
　　→ could probably find

현재의 사실에 반대되는 가정이므로 가정법 과거형으로 나타낸다.

◀ 의사들은 만약 그 병의 원인에 대해 더 알게 되면 3년 이내에 치료법이 발견될 것이라고 확신하고 있다고 발표했다.

593 ③ to → in

intervene in ~   ~에 개입하다

◀ 정부가 통화 시장에 개입하는 것이 필요한 경우도 있다.

594 ③ for all respects → in all respects

in all respects 모든 점에서

◀ 우리가 모든 면에서 안락하게 살아갈 수 있는 것은 모두 열심히 일했던 아버지 덕택이다.

595 Japan's pharmaceutical market is ①the largest in the world ②next to ③one of the U.S., ④accounting for about 20% of world sales.

596 My ①sister-in-law ②suggested me that I ③go to ④another doctor.

597 That work took ①only ②two-third ③as long as we ④had expected.

598 ①In recent years, we ②have learned that diet ③affects not only appearance, ④and also performance, mental state, health, and longevity.

595 ③ one → that

명사의 반복을 피하기 위해 사용하는 대명사 **one**은 불특정한 1개를 가리키는 경우에 사용한다. 여기서는 **the pharmaceutical market**을 가리키는 것이므로 **that**이 적절하다.

◀ 일본의 의약품 시장은 미국에 이어서 세계 최대로 전세계 판매량의 약 2%를 차지한다.

596 ② suggested me → suggested to me

suggest to+사람+that절　〈사람〉에게 ～하는 것을 (조심스럽게) 제안하다, 권하다

◀ 우리 형수는 나에게 다른 의사에게 가볼 것을 권했다.

597 ② two-third → two-thirds

2/3는 two-thirds.
cf. a [one] third 1/3

◀ 그 일은 우리가 예상하고 있던 시간의 2/3만큼밖에 걸리지 않았다.

598 ④ and also → but also

not only A but (also) B　A뿐만 아니라 B도
= B as well as A

◀ 최근에, 우리는 다이어트가 외모뿐만이 아니라 행동과 정신 상태, 건강, 수명에까지 영향을 준다고 배웠다.

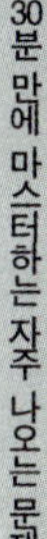

599 This government is said ①to be based ②on the principle ③which all men are created ④equal.

600 Sandra had to work ①twice as hard to ②make up ③with the loss ④incurred by her predecessor's mismanagement.

599 ③ which → that

관계대명사가 아니라 동격의 **that**. 명사 다음에 **that**절이
와서 그 명사의 내용을 구체적으로 설명한다.

◀ 이 정부는 모든 인간은 평등하게 태어났다는 원칙에 기초하고 있
  다고들 한다.

600 ③ with the loss → for the loss

make up for ~   ~을 보충하다, ~을 벌충하다
= compensate for ~

◀ 산드라는 전임자의 실수로 생긴 손해를 벌충하기 위해 2배나 더
  일해야만 했다.

부록

토익 시험에 대비하는
기초 지식

: business : 일 :

- You shouldn't **mix business with** pleasure.
  = Draw a line between public and private.
  일과 놀이를 혼동해서는 안 된다.

- I **made one-day (business)** trip to HongKong.
  홍콩에 하루 일정으로 출장을 갔다.

- That shop is **doing good[a booming] business**.
  저 상점은 장사가 아주 잘 되고 있다.

- We **do business with [deal with]** that bank.
  우리는 그 은행과 거래합니다.

- **Mind your own business.**
  = Don't **poke [stic] your nose into** my affairs.
  너나 잘해. (네 일이나 신경 써.)

- **How is business?**
  경기가 어떻습니까?

- **Business is slow. / Times are bad.**
  경기가 좋지 않습니다.

day off : 휴가 :

- I have the **day off** tomorrow.
  내일은 휴무다.

- I **took two week off**.
  2주간 휴가를 얻었다.

- I have 17day's (of) **paid vacation[holidays]**.
  유급 휴가를 17일 얻었다.
  - maternity leave 출산 휴가
  - absenteeism 상습 결근
  - sick leave 병가

pay : 급료 : wage :

- The labor union demanded a $300 (**pay**) **raise**.
  노조는 300달러의 임금 인상을 요구했다.

- My **take-home pay** is about $1,500 a month.
  나의 매월 급여 실수령액은 1,500달러 정도이다.

- $200 **is deducted** every month from my salary.
  급여에서 매월 200달러가 공제된다.

- I want to get **a better-paying job**.
  급여가 더 나은 직장을 갖고 싶다.

- Before **payday**, I'm short of cash.
  급여일 하루 전이면 현금이 바닥난다.

- The monthly **commuting allowance** is $100.
  매월 통근 수당은 100달러이다.

office worker : 샐러리맨 :

- I **work for** JPLUS company.
  나는 제이플러스사에 근무하고 있다.
  → I'm an office worker.보다는 구체적으로 회사 이름을 말하는 것이 보통이다. white-color worker라고 해도 좋다. salary man이라고는 하지 않는다.
  - government officer 공무원
  - bank clerk 은행원

personal : 인사 :

- The next **personal shift** is their main concern.
  다음 인사 이동이 그들의 중요한 관심사다.
  - musical chairs 의자 빼앗기 놀이(=인사)

- The person responsible was **transferred out**.
  담당자가 안 계십니다.

- Mr. Mike will **take over** my position.
  마이크 씨가 나의 후임입니다.

- He was **put on lease to** a subsidiary.
  = He was sent on loan to a subsidiary.
  그는 자회사로 갔다.
  - parent [associated] company 모[관련] 회사

promote : 승진하다 :

- He **was promoted to** executive director.
  그는 전무 이사로 승진했다.

- He is **on the promotional track**.
  그는 출세 가도를 달리고 있다.

- He **moved ahead** in the company by leaps and bounds.
  그는 그 회사에서 빠른 속도로 승진했다.

- He is sure to **go up the ladder** in his company.
  그는 회사에서 출세의 계단을 오르고 있음에 틀림없다.

- Proportion goes by **seniority** in our company.
  우리 회사에서 승진은 연공 서열에 의한다.
  - seniority system 연공 서열
  - careerism 출세주의
  - life-long employment 종신 고용
  - high-flier 야심가

- Bold people **get ahead** in this world.
  이 세상에서는 뻔뻔스러운 놈이 출세한다.

- He is a **late bloomer**.
  그는 대기만성형이다.

- Some of my former schoolmates have **risen to high positions**.
  나의 동창생 중에는 출세한 사람도 있다.

: **pull** : 연고 :

- He entered the firm **through pull[his connections]**.
  그는 연줄로 그 회사에 들어갔다.
  → through the old boy's network. (OB의 연줄로)

- I **have pull[connections]** with that company.
  저 회사에 연고가 있다.

- The **goods** are delivered in a pickup (truck).
  상품은 트럭으로 배송된다.

- This goods aren't **marketable** any longer.
  이 물건은 더 이상 상품 가치가 없다.

- This is a **fragile item**.
  이 물건은 깨지기 쉽다.

: **office supplies** : 사무용품 :

- scissors 가위
- ball-point pen 볼펜
- felt-tip pen 사인펜
- mechanical pencil 샤프펜
- whitewash 수정액
- stapler 스태플러
- ruler 자
- eraser 지우개
- paste/glue 풀
- pocket calculator 휴대용 계산기

: **discount** : 가격 할인 :

- Can you **give** me **a discount** on this?

  이것을 할인해 주시겠습니까?

- Can't you **cut[mark] it down** a little more?

  조금 더 깎아 주시겠습니까?

- I can give you a 5% **discount**.

  5% 깎아 드릴 수 있습니다.

- This sweater is **marked down** to 50% of its original price.

  이 스웨터는 원래 가격에서 50%를 할인한 것입니다.

- This blouse is **a good bargain**.

  이 블라우스는 싸게 산 물건입니다.

  - eye-catcher 관심을 끄는 상품
  - give-away price (거저나 다름없는) 헐값
  - bargain hunter 염가품을 찾아다니는 사람

- They are having **a special discount sale** at the shop.

  저 가게에서는 특가 판매를 하고 있다.

  - **30% off sale** 30% 할인 세일
  - sacrifice sale 덤핑

- I'll throw in this notebook **for free**.

  이 노트를 덤으로 드리겠습니다.

debt : 부채 :

- I'm **up to my neck in debt**.
  빚에 몰려서 옴짝달싹 못한다.

- I **owe** him $100.
  그에게 100달러의 빚이 있다.

- I'm deeply **indebted** to him.
  그에게 큰 빚[은혜]을 지고 있다.

- I **got a loan** to buy it.
  빚으로 그것을 샀다.

- They **are pressuring** me **to pay the debt**.
  그들은 나에게 빚을 갚으라고 독촉하고 있다.

- He **welshed on** his debt.
  그는 빚을 떼먹었다.

contact : 계약 :

- We **missed getting the contract by a hair**.
  우리는 간발의 차로 그 계약을 하지 못했다.

- I **made a contract with** him to buy the land.
  나는 그와 그 땅을 사는 계약을 했다.

- I asked my friend to be my **guarantor**.
  나는 친구에게 보증인이 되어 달라고 부탁했다.

- **A yellow-dog contract is one of the unfair labor practices (used by business)**.
  황견 계약(노동조합에 가입하지 않는 조건으로 맺는 고용 계약)은 부당한 노동 행위 중의 하나이다.

: dismiss : 해고하다 : fire, sack :

- **I got dismissed[fired]**.

  나는 해고되었다.

- He **was dismissed in disgrace**.

  그는 징계 해고되었다.

- The company **laid off** 80 workers.

  회사는 80명을 해고시켰다.

- The company has begun to **cut down[reduce] its staff**.

  회사는 구조 조정을 시작했다.

: fare : 요금 :

- What's the **round-trip fare** to Busan?

  부산까지 왕복 요금은 얼마입니까?

- You have to pay **an extra charge** after 10 p.m.

  오후 10시 이후에는 추가 요금을 내야 합니다.

- **Night telephone rates** are cheaper than **day rates**.

  야간 전화 요금은 주간보다 싸다.

: shift : 교대 :

- He **works the night shift** at that factory.

  그는 저 공장에서 야간 교대 근무를 하고 있다.

- We work nine hours a day **in three shifts**.

  우리는 1일 3교대로 9시간 근무한다.

: section : (사내의) 과 :

- **I belong to the general affairs section.**
저는 총무과 소속입니다.
→ 영 · 미에서는 부서의 구별은 그다지 중요하지 않지만, 부서명을 밝
힐 경우 위와 같은 표현을 많이 쓴다.

- **That man is the head of the accounting de-partment.**
저 사람이 경리부장입니다.
  - personal department 인사부
  - sales department 영업부
  - public relations department 홍보실

: motivation : 의욕 · 동기 :

- **He lacks motivation.**
그는 의욕이 결여되어 있다.

- **I've lost my motivation[drive].**
나는 하고 싶은 마음이 없어졌다.

- **He is full of drive.**
그는 의욕이 넘친다.

- **Management must motivate workers.**
경영자는 사원에게 동기를 부여해야 한다.

- **Put more spirit into your work.**
일에 좀더 정성을 쏟아라.

- **I don't see any enthusiasm in you.**
너는 일에 열의가 보이지 않는다.

10 《 "~의장"은 the head[chief] of ~로 표현

: **bankruptcy** : 도산 :

- The company **went bankrupt[went under]**.
  그 회사는 도산했다.

- The company is **in a bad way**.
  그 회사는 경영 부진에 빠져 있다.

- It's a matter of time before that company **folds**.
  그 회사가 파산하는 것은 시간 문제다.

- The company is **on the brink of bankruptcy**.
  그 회사는 도산 직전이다.

: **boss** : 사장 president, 상사 superior :

- The boss is a **dictator[tyrant]**.
  사장은 독단적이다.

- **My boss** works me hard[push me around].
  상사는 나를 혹사시킨다.

- I **work under** Mr.Kim.
  나는 미스터 김 밑에서 일하고 있다.
  - chair 회장
  - executive 중역, 간부
  - the head[chief] of the department 부장
  - co-worker / colleague / peer 동료

: **ad** : 광고 : advertisement :

- They **took out[put]** pull page **ads** in the news-paper.
  그들은 신문에 전면 광고를 내었다.

- I work for an **advertising [a travel] agency**.
  나는 광고 [여행] 대리점에서 근무하고 있다.

: **price** : 가격 :

- a price level 가격 수준
- price stabilization 가격 안정
- price protection 가격 유지
- price reduction 가격 인하
- a price policy 가격 정책
- price terms 가격 조건
- the price structure 가격 체계
- reduce[lower] the price 값을 내리다
- shade 값을 조금 내리다
- the sale price 세일 가격
- current price 시가
- the market price, the going price 시장 가격
- state the price of ~, quote ~의 값을 매기다
- best price, lowest price, competitive price, rock-bottom price 최저 가격, 싸게 파는 가격

12 《 ~ company로 여러 형태의 회사를 표현

: 회사 관련 어구 :

- connection 거래처
- customer, client 고객
- supplier 공급자
- affiliated company 관련 회사
- ad agent 광고대리점
- well-established 기초가 튼튼한
- agent 대리점
- wholesaler 도매상
- competitor 동업자
- parent company 모회사
- head office 본점
- manager (은행 등의) 지점장
- subagent 부대리점
- secretary 사무장
- listed company 상장 회사
- producer 생산자
- retailer 소매상
- importer 수입업자
- exporter 수출업자
- sole agent 1인 대리점
- leading, reliable 유력한, 일류의
- limited company 유한 회사
- sister company 자매 회사
- subsidiary company 자회사
- managing director 전무 이사

- manufacture 제조업자
- maker 제조원
- joint-stock company 주식 회사
- branch office 지점
- distributor 판매업자
- packer 포장업자

13 《 on the phone은 "달라붙는" 이미지로 "통화중" 이라는 표현에 사용한다

: 전화 관련 단어 및 표현 :

- He is always **on the phone**.
  그는 늘 통화중이다.

- Don't use the office call for **private calls**.
  사무실 전화를 개인용으로 사용하지 마라.

- I am called from a **pay phone**.
  지금 공중 전화에서 걸고 있다.

- May I make a **long distance call**?
  장거리[시외] 통화를 할 수 있습니까?
  - area code 지역 번호
  - prank call 장난 전화
  - harassing call 괴롭히는 전화
  - dirty[obscene] call 음란[외설] 전화

- The telephones aren't working.
  전화가 불통이다.

- The lines are crossed.
  전화가 혼선이다.

- **May I speak** to Mr. Kim?

  미스터 김 계신가요?

- **Connect me to** Mr. Brown's section, please?

  미스터 브라운의 부서로 연결해 주시겠어요?

- He is **on another phone**.

  다른 전화를 받고 있습니다.

14 《 goods, item 등의 기본 용어로 다양한 표현을 할 수 있다

상품 · 제품에 관한 어구 ❶

- manufactured goods 가공품
- goods in hand 가지고 있는 물건
- defective goods 고장품
- seasonal goods 계절 상품
- agricultural products 농산물
- bargain 가격이 싼 물건
- semi-conductor products 반도체 제품
- semi-manufactured goods 반제품
- goods made to order 별도 주문
- a replacement 보충품
- rejected goods 불합격품
- goods, items, article, merchandise, commodities, products 상품, 제품
- textile goods 섬유 제품
- the last product 신제품
- a newly developed product 신제품

* similar products 유사 제품
* general merchandise 일반 상품, 잡화
* forestry products 임산물
* goods in stock 입하품
* stock 재고
* out of stock 재고 없음(품절)
* requirements 주문품
* main lines of business 주요 취급 상품
* iron and steel products 철강 제품
* old stock 팔리지 않아 계속 진열된 물건
* in short supply 품귀
* marine products 해산물

: 상품 · 제품에 관한 어구 ❷ :

- inflammable articles 가연성 상품
- household stuff 가정 용품
- domestic products 국산품
- stationary 문방구
- insured goods 보험에 든 상품
- uninsured goods 보험에 들지 않은 상품
- kitchen utensils 부엌용품
- articles not for sale 비매품
- articles of consumption 소모품
- foreign products 수입품
- food stuff 식료품
- electrical machinery and apparatus 전기 기구
- green stuff 채소류
- hardware 철물
- articles for sale 파는 물건
- toilet articles 화장품

: 시장 관련 어구 :

- **price trend** 가격 동향
- **bullish, strong, stiff, firm** 강세의
- **advance** 값이 올라가다
- **improve** 개선되다
- **boom** 경기가 올라가다
- **economic recovery** 경기 회복
- **stiffen** 물가가 오르다
- **jump** 급등하다
- **relax** 느슨하다
- **fluctuate** 변동하다
- **consumer reaction** 소비자 반응
- **market trend** 시장 동향
- **bearish, weak, soft, easy** 약세의
- **sag** 시세가 떨어지다
- **inflationary trend** 인플레이션 경향
- **stock market** 주식 시장
- **soar** 폭등하다
- **slump, collapse** 폭락하다
- **decline** 하락하다
- **quiet** 한산한
- **recover, revive** 회복하다

: 클레임에 관한 어구 ❶ :

- defect 결함
- warning 경고
- defective goods 고장품
- dispute 논의
- market claim 마켓 클레임
- trade claim 무역 클레임 (= transportation claim)
- compensation 보상
- insurance claim 보험 클레임
- shortage 부족
- inevitability 불가항력
- complaint 불만
- non-delivery 불착
- different shipment 선적 상이
- delayed shipment 선적 지연
- wrong shipment 오송
- claim 운반 클레임
- act of God 불가항력
- breakage[damaged] goods 파손품
- bad packing 포장 불량
- inferior quality 품질 불량
- different quality 품질 상이

: 클레임에 관한 어구 ❷ :

- **survey** 감정, 검사
- **survey report** 감정 보고서
- **breach of contract** 계약 불이행
- **undershipment** 과소 선적
- **fault** 과실
- **rough handling** 난폭한 화물 취급
- **theft** 도난
- **pilferage** 도난품
- **illegal shipment** 불법 선적
- **discrepancy** 불일치
- **carelessness** 부주의
- **clerical mistake** 사무상의 실수
- **apology** 사죄
- **lawsuit** 소송
- **mishandling, oversight** 실수, 차질
- **amicable settlement** 우호적인 해결
- **award** 판정
- **adjustment** 조정
- **conciliation** 조정, 화해
- **arbitrator** 중재인
- **overshipment** 초과 선적
- **compromise** 타협
- **cancellation** 해약
- **settlement** 해약

클레임에 관한 어구 ❸

- surveyor 감정인
- discount, reduction 값을 깎음
- replace 교환하다
- a substitute 대용품, 대품
- a replacement 대체품
- ship back, return 되돌리다
- trade arbitration agreement 무역 중재 협정
- repair 보수하다
- insurance company 보험 회사
- take 인수하다
- destroy 폐기 처분하다

우편에 관한 어구

- dispatch 급송하다
- enclose 동봉하다
- by return 되돌아옴
- by another mail 별편으로
- special delivery 속달
- attach 첨부하다

: 식사와 관련된 단어와 표현 :

- Don't **skip breakfast**.

  아침을 걸러서는 안 된다.

- I'm **on a diet** now.

  지금 다이어트중입니다.

- Let's **eat[dine] out** tonight.

  오늘 저녁은 외식합시다.

- Let's try a Chinese **smorgasbord** [all-you-can-eat restaurant].

  중국식 바이킹을 먹으러 가자.
  - tea-ceremony dishes 다도 요리
  - vegetarian dishes 채식주의자 요리
  - wheat noodle 국수

- Mother is **setting the table**.

  어머니는 식사 준비를 하고 있다.

- She is a **vegetarian** and prefers chemical-free vegetables.

  그녀는 채식주의자이고 유기농 야채를 즐겨 먹는다.

| 저자 | 小池直己 KOIKE NAOMI

일본 히로시마대학 대학원 수료. 캘리포니아대학 로스엔젤레스대학(UCLA)의 객원 연구원을 거쳐 현재 就實대학 인문과학부 교수. NHK 교육TV의 강사도 맡고 있다. 《영어회화의 기본표현 100》(岩波서점), 《TOEIC 영문법》, 《TOEIC 영단어》(이상 PHP연구소), 《별책 보물섬 5시간에 TOEIC 650점》(보물섬사), 《영어가 마스터되는 책》, 《리듬으로 기억하는 영단어》(이상 學研무크), 《방송 영어를 교재로 한 영어 교육 연구》, 《신문 영어와 방송 영어 연구》(이상 北星堂) 등 다수의 저서가 있다. 《방송 영어의 교육적 효과에 관한 연구》로 일본 교육연구연합회에서 표창을 받았다.

TOEIC TEST NI YOKU DERU "BUNPO MONDAI 600" by KOIKE Naomi
Copyright © 2005 KOIKE Naomi
All rights reserved.
Originally published in Japan by SHUFUNOTOMO CO., LTD., Tokyo.
Korean translation rights arranged with
SHUFUNOTOMO CO., LTD., Japan
through THE SAKAI AGENCY and EntersKorea Co., Ltd.

이 책의 한국어판 저작권은 (주)엔터스코리아/THE SAKAI AGENCY를 통한 일본의 SHUFUNOTOMO CO., LTD.와의 독점 계약으로 도서출판 제이플러스가 소유합니다. 신 저작권법에 의하여 한국 내에서 보호를 받는 저작물이므로 무단전재와 무단복제를 금합니다.

150점 더 올려주는
토익 시험에 꼭 나오는 **문법문제 600**

초판발행 2006년 6월 20일
2쇄발행 2006년 12월 20일

저자   小池直己(KOIKE NAOMI)
발행인   이기선
발행처   제이플러스
         121-824 서울시 마포구 망원2동 438-22 3F
전화   02-332-8320
팩스   02-332-8321
홈페이지 www.jplus114.com
등록번호 제10-1680호
등록일자 1998년 12월 9일

ISBN 89-88701-98-4
Printed in Korea

값 7,000원

*파본은 구입하신 서점이나 본사에서 바꾸어 드립니다.